雑談が上手い人が話す前にやっていること

ひきたよしあき

アスコム

本書を手にしたあなたは、これまでに
雑談でたくさんモヤモヤしてきたのかもしれません。

・人見知りだから、なんとなく雑談が苦手
・ちょっとした沈黙に耐えられない
・何を話そうか考えているうちに、
会話が終わってしまった
・みんなが楽しく話しているのに、
うまく場に溶け込めなかった
・せっかく話しかけてもらっても、
うまい返しができなくてすぐに話が切れてしまった

そのたびに、「あ～、なんて自分はダメなんだ」と
自分を責めてきませんでしたか。

仕事でも、プライベートでも、
世の中は雑談をする機会にあふれています。
だから、「雑談が苦手だ」というマインドを持っていると、
思いのほか、ストレスを感じることが多くなります。

でも、そうした負の感情であなたの心を満たすのは、
今日でおしまいにしましょう。

こんな言葉があります。

人生は近くで見ると悲劇だが、
遠くから見れば喜劇だ

――チャーリー・チャップリン

あなたは、雑談が苦手だと思っているかもしれませんが、
それって、ただの視点の問題かもしれません。
言い方を変えれば……とらえ方を変えれば、

あなたもちょっとした雑談上手かもしれません。

雑談で、話せないことばかりに注目すると、つらいです。

できないこと、苦手なことを認めることは大事ですが、

ちょっとだけ、視野を広げてみてください。

視点を変えて考えてみてください。

あなたが、「上手に話せたな」と思ったときには、

目の前に、どんな人がいましたか。

・いつもニコニコと、
フレンドリーな話しやすい人（笑顔がステキな人）
・言葉数は多くないけど、
うんうんと頷《うなず》いて聞いてくれた人（聞き上手な人）
・話の切れ目で「へぇー！」「なるほど！」
とあいづちを打ってくれた人（リアクションが上手い人）

彼らは、決して饒舌《じょうぜつ》だった人とは限らないですよね。

そういう人に、

あなたもなればいいのではないでしょうか。

ペラペラと饒舌にしゃべることだけが雑談ではありません。
あなたは、あなたにできそうなことをやりつつ、
ちょっとずつ、雑談の技術を身につければよいのです。

私に、そのお手伝いをさせてください。

ちょっとだけ心構えを変えたり、

ちょっとだけ話し方を変えれば、
あなたにも楽しく雑談ができます。

本書では、
そうした「気づき」が
たくさん得られるように
書いてみました。

さあ、今から出航です。
これまでの、「雑談苦手」「雑談嫌い」という気持ちを
いったん捨てて、
新しい気持ちでページを開いてみてください。
その瞬間から、あなたはもう、
今までのあなたとは違うあなたです。

本書は、こんな「雑談コンプレックス」を持つ人たちへ向けてつくりました。

- まずもって、何から話したらいいのかわからない人
- 「これを話したらどう思われるだろう?」など、相手の気持ちを考えすぎて話せない人
- 「雑談が上手い人は、話が上手い人」（だから、自分は無理）と思っている人
- 雑談で失敗した経験が忘れられず、「自分は話ベタ」と苦手意識を抱えている人

- 社会人になってから、
友人以外と雑談することに苦痛を感じている人
- リモートが増えて人との対話・雑談に
苦手意識が増した人
- 親しくない人と話すとき、チャットはできても、
顔を合わせての会話に自信がない人
- 天気の話すらできない、
対面だと「最初の一言」を話すのが怖い人
- 「傾聴力が大事」と言われすぎて、疲れている人
- 目的のない会話の仕方がわからなくて、
苦手を感じている人

はじめに

「雑談が得意じゃない」という声をよく聞きます。
きっと、この本を手に取っているあなたもその1人かもしれません。
では、いきなりですが、ここで質問です。

Q　雑談って、なんでしょうか？

「たわいもない話をすること」
「場の雰囲気をなごませるもの」
「目的がない会話」

あなたが苦手なのは、こういう雑談なのでしょうか。
思い浮かべてみてください、雑談のシーンを。

- **家でする家族との雑談**
- **友だちと会ったときにする雑談**
- **会社の仲のいい同僚とする雑談**
- **会社の上司と、得意先に一緒に行くときにする雑談**
- **エレベーターの中で知り合いに会って、場をつなぐためにする雑談**

雑談が苦手という人に聞くと、苦手なのは、後ろの2つのような雑談がほとんどです。

最初の3つの雑談に関しては、苦手意識はなく、むしろ楽しく話せている人が多いのです。

となると、雑談の中でも「苦手な雑談」と「苦手じゃない雑談」に分けられることになります。

苦手なのは「たわいもない話をすること」や「場をなごませる話をすること」ではなく、「気を遣う相手と話をしないといけないこと」なんじゃないでしょうか。

海外の人と仕事をして思うのですが、欧米の人は雑談が苦手という印象は少なく、みんなそつなく雑談しているように見えます。

なぜ欧米の人は雑談が苦手じゃないのでしょうか。

これは私の考えですが、さまざまな人種や民族とのコミュニケーションが必要な国の人にとっては、雑談は「私はあなたの敵ではありませんよ」と伝えるツールになっていて、自分を守る役目があるからなのではないでしょうか。

言い換えれば、**雑談の役割は、相手に対して、「味方」だと伝えること。**
日本人とは歴史的な環境が違っているのです。

雑談で大切な「3段階ピラミッド」とは

では、どうしたら雑談が上手になるのでしょうか。
よく言われるのはこの2つです。

- **雑談の技術を磨く**
- **雑談が苦手というメンタルを克服する**

どちらも正解です。でももっと手前に、苦手な雑談を克服するためのとても大切なことがあります。

雑談の3段階ピラミッド

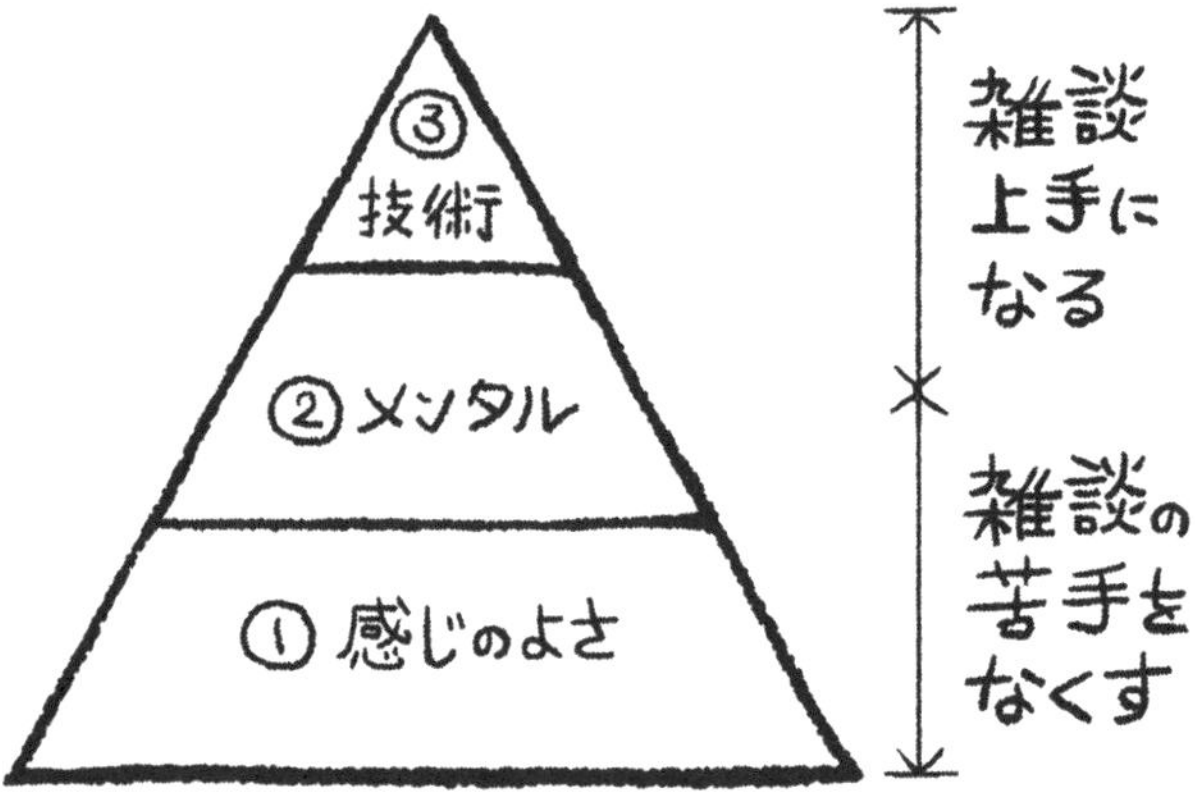

それが、**「感じのよさ」**です。

「雑談と感じのよさがどう関係あるの？」

そう思うかもしれませんが、感じのよさは雑談においてとても重要な要素です。

上の図は「雑談の3段階ピラミッド」です。

下から大切な順番に並んでいます。

①感じのよさ
②メンタル
③技術

雑談において土台となるのが「感じのよさ」です。

感じのよさを身につけるだけで雑談の苦手を大きく減らすことができます。


雑談で一番重要なのは、何よりも、「感じのよさ」!


「え？　感じよくするだけでいいの？　そんなバカな」

そう思った人に質問です。

あなたが雑談をして、嫌いになった人のことを思い出してください。

- **雑談がへたくそな人ですか？**
- **雑談に自信がなさそうな人ですか？**
- **雑談のときに感じが悪い人ですか？**

圧倒的に最後の人じゃないでしょうか。

つまり、**雑談が苦手な人は、まずは「感じよく」するところからはじめればいい**のです。

これまで、いろんな本を読んでも、いまいち雑談力が上がる実感を得られなかった人も、「感じよくする」ことなら、すぐにでもできるような気がしませんか。

この本では、こんな雑談以前に必要なことから、雑談上手になるコツまで、たっぷりと伝えていきます。

「雑談コンプレックス」という病

私は、いろいろな会社で研修の講師をやっているのですが、コミュニケーションの悩みランキング1位は「雑談が苦痛」ということです。職種を問わず（営業職の人でも)、雑談が苦手な人が多いんです。

でも、毎日の会話は、6割強が雑談というデータがあります(国立国語研究所より)。

雑談は、どちらかというと会話の添え物のように思われがちですが、実は割合で見たら会話の主役。シュークリームでいったら、皮ではなく、たっぷりと入った濃厚クリームです(皮好きの人、ごめんなさい)。

会話の主役である雑談が苦手だったり、苦痛だったら……それはもう、大変生きにくい、つらいことがいっぱいの人生になってしまいます。

「雑談コンプレックス」は、いってみれば「国民病」です。

なんでそんなに苦手なのか。理由はこんなことを思うからです。

・「こんなこと言ったら、嫌われるかな」と、相手の反応を考えすぎてしまう
・そもそもどんな話をしたらいいか、頭に何も浮かばない
・アドリブがきかず、相手の話にどう反応するのが正解かがわからない
・目的のない会話、終わりの見えない話を苦手に感じる
・リモートでの仕事が増え、雑談する機会が減ったので、リアルな雑談が苦痛になった

雑談は、仕事の潤滑油にもなり、時には思いもよらぬイノベーションを生むこともあります。

多くの企業が、「雑談が苦手な社員が多い」ことを問題視し、雑談の機会を増やそうとさまざまな施策を講じています。

でも、私が知る限り、あまり効果は出ていないようです。

先にも述べましたが、まず最初に強調してお伝えしたいこと、それは、ここまで書いた通り**「みんな雑談が苦手」**ということです。

自分だけでなく、雑談する相手も苦手意識があることが多いのです。

特にこの数年は、ソーシャルディスタンスの中で生き、マスクで顔半分を隠していました。その中で、リモートワークなどによって、私たちは、人とたわいもない会話をする力をずいぶんと失ってしまっています。

筋力だって、3年も動かさなかったら相当落ちるでしょうし、英語が話せる人も3年も英語を使わなければ英語力は低下しますよね。

雑談力も同じです。悩んでいるのは、あなた1人ではありません。

もちろん、この数年での変化だけでなく、もともと雑談が苦手という人は多いと思います。

「私は生まれつき、人見知りで口下手で、人と話すこと自体が嫌いなんです」

わかります。このような本を書いているから信じられないかもしれないですが、私も、実は長く同じ悩みを抱えていました。

上司と話すのが嫌で、上司に企画書を出すときに吐いてしまったことが何度もありました。会話が続かなくて、重苦しい沈黙の時間を過ごしたこともしょっちゅう。

一度、離婚を経験していますが、その原因を考えると雑談力のなさではないかとも思うのです。

そう、**何を隠そう、私も、もともとは雑談が苦手で嫌いな人間だったのです。**

しかし、そんな私が、現在では多くの人とつき合いを持ち、大学で若い世代に教えている。コミュニケーションの悩みに応える側になっている。

私のつたない経験ではありますが、大丈夫、あなただって変われます。

心の持ち方とわずかなトレーニングで、「雑談力ゼロ」だって克服することができるのです。

「生まれつき雑談が上手い人」なんていません。苦手でも、この本に書いてあることを実践してもらうだけで、劇的に変化できると思います。

ひきたよしあき

雑談が上手い人が話す前にやっていること

目次

第1章 雑談力ゼロでもすぐにできる5つのこと

第2章

雑談が上手い人が話す前にやっていること

第3章
「雑談だめメンタル」をぶっ壊す

第4章 今すぐ雑談がラクになる簡単テクニック

第5章 雑談力を一生もののスキルに育てるコツ

第1章

雑談力ゼロでもすぐにできる5つのこと

「自分には雑談力がまったくない」と思っている
あなたに朗報です。

あなたにぴったりな、
すぐに雑談力が上がる方法があります。
しかもけっこう簡単に。

まずは、この5つからはじめましょう。

雑談に「観覧者」として参加する

「雑談＝相手と話をすること」

これは、実は間違っています。**無理して話さなくてもいい雑談もある**のです。

雑談は、話すだけではないのです。

雑談に臨むとき、たいていの場合は「ちゃんと発言しなくちゃ」「うまくコメントしなきゃ」と思いがちです。

でも、考えてみてください。

Aさん・Bさん・Cさん・Dさんがいたとします。

もしも4人ともが話好きで、それぞれ思い思いにしゃべり出したとしたら……

想像するだけでカオスです（ときどきそういう場に出くわします）。

「話す人」がいれば、それを受けとめる「聞く人」も必要。聞く人がいないと雑談は成り立ちません。

雑談には、「話す」という役割の人と、「聞く」という役割の人とがいます。

つまり、**「聞く」も雑談のうち**なのです。

だから、**話すのが苦手な人は、積極的に「聞く人」になればいい。**

そう考えると、「うまく話せない」という、しんどい気持ちから解放されるんじゃないでしょうか。

さらに、**雑談には「聞く」以外の役割もあります。それが、「観覧者」という役割です。**

3人組の漫才やコントを思い出してください。

2人組ではなく、なぜ3人組なのでしょうか。2人のほうが、ボケとつっこみがリズムよく進みそうなのに、なぜもう1人いるのでしょう。

実は、**残りの1人は「観覧者」の役割をしています。**

2人のやりとりを見て、同意したり、少し離れた立場からツッコんだり。

「話す人」「その話を聞く人」の他に、「そのやりとりを楽しむ人」という観覧者がいてこそ、さらに話が盛り上がっていくのです。

雑談の3つの役割

テレビのバラエティ番組に観覧者を入れることがありますが、あれは観覧者がいるほうが、場が盛り上がるからです。

同じように、場をにぎやかせるための「ガヤ」と呼ばれる人たちがいます。これも、番組を盛り上げているわけです。

雑談は、会議やプレゼンと違い、話をするときに、なんらかのリアクションがあったほうが、人は話しやすく感じます。

話すことがしんどい人は、「聞く役割」「観覧者として楽しむ役割」にな

ればいいのです。

しゃべらなくてもいい。

うなずいたり、笑ったり、みんなの会話を一緒になって楽しんでいる。

そんな聞き手や観覧者がいることで、気持ちよく話せる人がいる。

これも、雑談には必要な、立派な役割です。

みんな、自分の話を聞いてほしい

そもそも、自分の話を聞いてほしい人はたくさんいます。

世の中は、自分の話をしたい人であふれている。

これは、大事な真実なので二度言います。

多くの人の心の中には、「聞いて、聞いて！」という思いがあるのです。大の大人であっても！

聞いてくれる人がいると、普段恥ずかしがっているような人も雄弁になります。

多くの人は、話す人より、聞いてくれる人を求めているのです。

だから、がんばって話をしようと努めるのではなく、少し考え方を変えてください。饒舌にしゃべれるようにはならなくていいのです。

「ちゃんと、あなたの話を聞いてるよ」という姿勢を見せるように心がける。

まずは、この一点さえできれば、それでOKです！

私の教え子で、アニメのプロデューサーの業務に就いている女性がいます。主な仕事は、多くのアニメーターと話をすること。

彼女から**「聞き専」**という言葉を教えてもらいました。

もとの意味は、リモート会議などで、マイクをミュート状態にして、人の話を聞くだけの人をさします。そこから派生して、「人の話を聞く専門の人」をさすようになったそうです。

彼女は、アニメーターや制作関係者と打ち合わせをするとき、まずは自分が「聞き専」になって、黙って話を聞くようです。

すると、「この人は、私の話を聞いてくれる！」と思った相手が、本音や日頃の不満を話し出すとか。

その話から、**「聞き専」という一見受動的に見える態度が、人間関係には求め**

られていると教えられました。

自分からうまく話せないことに、落ち込む必要はありません。

むしろ、「聞くプロ」「観覧者のプロ」を目指すくらいの気持ちで、まずは雑談に参加してみましょう。「聞き専」から雑談をはじめようじゃないですか！

相手が気持ちよく話せるような「聞き方」ができれば、それは立派な雑談上手と言えます。

ポイント

まずは、話を聞く。
「聞き専」として雑談に加わる。

アイドルはなぜいつも笑顔なのか？

雑談のとき、「最強の表情」ってなんだと思いますか。

日ごろ雑談をしているときの、相手の表情を思い浮かべてください。
印象に残っている表情はどんな表情でしょうか。

結論から先にお伝えしましょう。**最強の表情は、「笑顔」です。**

「なんだ、そんなことか。ふつーー！」と思った人、それが普通と思えることはスゴイことです。なぜなら、世の中には、こう思う人たちがとても多いのです。

「面白くもないのに、笑顔になれない」

「作り笑いをしてまで、笑顔でいたくない」

その気持ち、わかります。でも、今日から考え方を変えてください。


笑顔は、楽しいとき、うれしいときに心の奥底から生まれるもの。そう思っているかもしれません。


でも、考えてみてください。アイドルは、なんでいつも笑顔なのでしょうか。

どうして、接客業の人は笑顔でいようとするのでしょうか。


それは、**人を相手にするとき、笑顔が最大の武器になる**と知っているからです。

こちらが笑顔でいれば、それを見た相手は安心して心を開いてくれる。

こちらが冷たそうな表情をしていれば、相手は身構えてしまう。

笑顔は最強のツール

笑顔は、相手から好感を勝ち取り、警戒心を解くための、手軽で効果のある武器なのです。

「楽しいから笑うのではなく、笑うから楽しいのだ」

あなたも聞いたことがあるでしょう。アメリカの心理学者ウィリアム・ジェームスの言葉です。

難しいことは考えず、まずは形から入りましょう。とりあえず笑顔の人になれば、自ずと楽しいという感情が

生まれてくるはずです。

笑顔が周囲に伝播すれば、何を語らなくてもその場がなごやかな雰囲気になります。

子どもは1日に400回笑う

子どもは1日平均400回笑うそうですが、大人はたったの15回だそうです。

15回って、少なすぎません？　思っている以上に、大人はしかめっ面をしているのです。

最初は作り笑いでも大丈夫。とにもかくにも、笑顔でいることが大切です。

そうは言っても、笑顔が苦手、笑顔になろうとすると顔がひきつるという人もいるでしょう。

笑顔をつくるときのポイントは、感情とは別に、口角を鍛えて頬を上げること。
感情ではなく、筋肉を動かすかどうかの問題です。笑顔が苦手な人は、口角を上げることからはじめましょう。

まず、口角がどのくらい上がるかをチェック！　鏡を見ながら、ニッと笑った顔をしてみてください。
思っていた以上にきついはず。日ごろ、いかに頬などの筋肉を使っていないかがわかります。

まずは、朝に髪をセットするときなど、**鏡を見るついでに、口角を上げて笑う練習をしましょう。**くり返すうちに頬などの筋肉が鍛えられて、自然と笑顔がつくりやすくなります。

人は、誰かと一緒だと30倍も笑いやすくなるそうです。

雑談はまさにこの環境にあります。

人と会うときは、まずは「口角を上げる」ことを基本の表情にしましょう。

ある言葉との出会いで、表情が変わった

私は、今でこそ国際スマイリスト協会の副理事長として、笑顔の大切さを日本中に伝え歩いていますが、学生時代はブスッとした顔をしている男でした。

まさに、楽しいことがなければ自ら笑うタイプの人間ではありませんでした。

そんな私が、笑顔の必要性を実感することができたある言葉があります。


「拈華微笑《ねんげみしょう》」

仏教の言葉です。
あるとき、釈迦《しゃか》が説法の際に、花をひねって弟子たちに見せた。誰もその意味を理解できず反応しない中で摩訶迦葉《まかかしょう》という人だけが、微笑んだという話から来た言葉です。言葉を使わなくても以心伝心で伝えるという意味だそうです。

この言葉を、私はこう解釈しました。

好きな人に花を1本手向けられたときの、思わずちょっぴりうれしい表情。
これをできる限り浮かべて、日常で笑顔をつくろう。

この言葉に出会って以来、私は笑顔を意識して生きるようになりました。すると驚くことに、自分の人生が変わりはじめました。
人からよく話しかけられるようになり、また人との会話もより盛り上がることが多くなりました。

変わったのは笑顔だけだったのに、こんなに変化するものかと驚きました。

実験によれば、**笑顔はおよそ１００メートル先からでも認識できる**そうです。「楽しくなければ笑顔になれない」と言って、この強力な武器を放棄するのはあまりにもったいない。

雑談の際は、特に笑顔を心がけたいものです。

ポイント

作り笑いでもいいから、笑顔で話す。

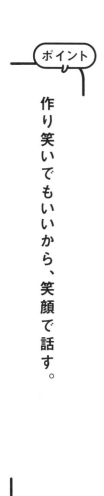

コンビニで「ありがとう」と言うだけで雑談力がつく

私は小・中学校で授業を持っているのですが、保護者から相談が来ることが頻繁にあります。

「うちの子は、家ではよくしゃべるのに、学校や外に出ると全然しゃべれないんですが、どうしたらいいでしょうか？」

子どもも、雑談できないことに悩んでいます。

家族や友だちなど、親しい人とは話せるのに、それ以外の人（会社や学校の人など）とは話すのが苦手。

大人も、子どもも同じです。自分と相手との共通点がわからない、心の距離がある、そんな相手を前にすると、何を話してよいのかわからず、沈黙してしまう。こういうことは、めずらしいことではありません。

「内弁慶の外地蔵」ということわざがあります。

「家の中では源義経の家来・弁慶のように威張っているが、『そと』ではお地蔵さんのようにおとなしい」という意味です。

雑談が苦手な人は、この「外地蔵」の傾向が強く、「そと」での会話が苦手ということになります。

ちなみに、「うち」は家族や友人だけでなく「ネット空間」の場合もあります。**ネット上では、なんでも書き込めるけれど、リアルな場では話せない人も増えてきています。**

雑談が苦手な人は「そと」での会話が苦手

なぜ、「そと」での会話が苦手になるのでしょうか。

「そと」との会話が苦手と思っている人に、その理由を聞くと、こんな答えが返ってきました。

「相手との共通の話題がわからないから何を話していいのか……」

では、共通の話題があれば、雑談が苦手ではなくなるのでしょうか。

実は、この「雑談が苦手だと思っている原因」に誤解があります。

「共通の話題がわからない」と回答した人に、さらに深く聞いていくと、本人も気づいていないような苦手の要因が出てきました。

「実は、自分に自信がないんです」
「知らない人に心を開くのが苦手で、警戒心が強いんだと思います」
「会話が上手くいかず、失敗するのが怖いです。恥ずかしがり屋なので、失敗したら恥ずかしい」

よく聞いてみると、**上手く話せない原因は、相手との共通点が見い出せないことだと思っていたけれど、実は一番の理由は自分の心の中にあった**ということなのです。

雑談が苦手な原因は、ここに大きなポイントがあります。

であれば、「自信がついて、心の壁を低くして、恥ずかしさがなくなるようなコツを教えてください！」となりますよね。

このあと、そのとっかかりになる秘けつをお伝えします。

コンビニで「ありがとう」と言ってみる

秘けつは、実にシンプルです。

知らない人、利害関係のない人にもあいさつをしてみる。

これだけです。

たとえば、コンビニやスーパーのレジの店員さんから**商品を受け取ったら、必ず「ありがとう」と言う。**

外で食事をしたときは、**帰り際に「おいしかった。ありがとうございました」**と言うクセをつける。

たったそれだけです。

「なんだ、あいさつ程度のことか」とバカにしてはいけません。

知らない人、利害関係のない人にあいさつをしているうちに、他者に対する心の壁はどんどん低くなっていきます。

これは、スピリチュアルな話ではありません。**脳のしくみに即した、科学的にも実証されている、効果的な「脳のだまし方」です。**

「ありがとう」と他人に声をかけ続けていると、脳の中ではどんなことが起きるのでしょうか。

「ありがとう」が習慣化されると、あなたの脳はこうなります。

他人に対しては、そう振る舞うものなのだ

<

相手との関係が深いかどうか

脳は、怠け者です。なので、もともと「人に話しかけるのは面倒だ」と考えやすくできています。

そこで、そのクセを変えるために、利害関係のない人に声をかけるクセをつけてあげるのです。

たとえば、「ありがとう」と声をかけると、相手からも「どういたしまして」「こちらこそありがとうございます」などの反応が返ってくるかもしれません。

こういう**相手の反応があることで、脳は喜びを感じるようになり、それが「小さな達成感」につながります。**

これを続けていくと、**「人に話しかければ達成感が得られる」と脳が学習する**のです。

ここまでくれば、心の壁が低くなっていきます。

「自分に自信がない」「知らない人に心を開くのが苦手」「失敗が怖い」「恥ずかしい」という心理的な障壁が、あいさつを続けることで、「あ、そんなに気にすることはないいんだ」「もっと軽く考えればいいいんだ」ということに気がつき、**脳を「雑談ができるモード」に変換できるのです。**

そもそも、雑談のスタートもあいさつからです。

「おはようございます」「お久しぶりです」「お疲れさまです」

あいさつを習慣にできると、雑談の出だしもスムーズになりますよね。


あいさつの習慣はどんどん広げていってください。駅員さん、ビルの守衛さん、掃除をしてくれる人、会社の人と、どんどん広げていく。


「おはようございます」「ご苦労さまです」「ありがとう」程度の言葉で十分。

あいさつされて不快になる人は、まずいません。

むしろ、**これだけで、あなたは相当感じのよい人だと思われるはずです。**


思い出してください。**「感じのよい人」であることは、「はじめに」でお伝えした「雑談ピラミッド」のなかの、基本中のキホン事項でしたよね。**

できれば、あいさつは、少し大きな声でしてください。

「キャラが変わったみたいに思われるのはイヤ」というのなら、**時間をかけて徐々に変えていくのでもいいと思います。**

すると**「最近、○○さん、元気だな」と言う人が現れはじめます。**ここまでくれば「外地蔵」も解消です。

ギリシアの哲学者アリストテレスは言っています。

「『垣根』は相手がつくっているのではなく、自分がつくっている」

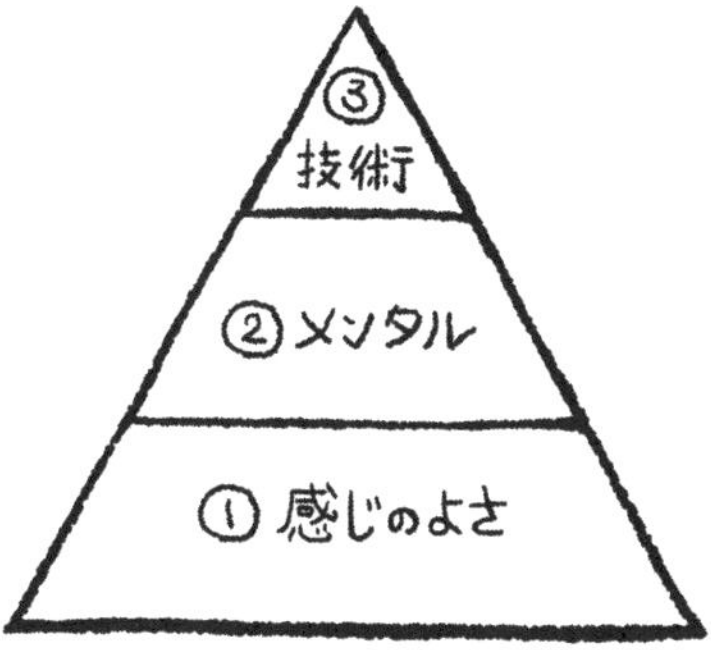

内弁慶の垣根を、他人とあいさつを交わすことで取り払いましょう。

ポイント

あいさつする習慣をつけると、人と気軽に話をできるようになっていく。

「雑談罪悪感」はこうやって捨てる

「せっかく話しかけてもらっても、気の利いた返事ができなくて、会話が続きません。ダメな自分にストレスを感じます」

雑談が苦手な人の、よくある心情です。

この心情のことを、私は「雑談罪悪感」と呼んでいます。

自分が上手く話せないことに「罪悪感」を持っているのです。

なぜ、罪の意識が芽生えるのでしょうか。

理由はいろいろあると思いますが、特に「相手の気持ちを汲《く》み取りすぎてしまう」という背景があるのかもしれません。

相手の気持ちを考えることは、決して悪いことではありません。
ただ、相手のことを考えすぎると、身動きがとれなくなってしまいます。

相手の気持ち
＜
自分の気持ち

となってしまうと、こんな考えが浮かんでくるようになります。

「話しかけられて、上手く答えられなかったら申し訳ない」
「私が話して、場の空気が乱れたらどうしよう」

雑談力がなかなか向上しないのは、メンタルにも原因があります。

メンタル・シーソー・バランス

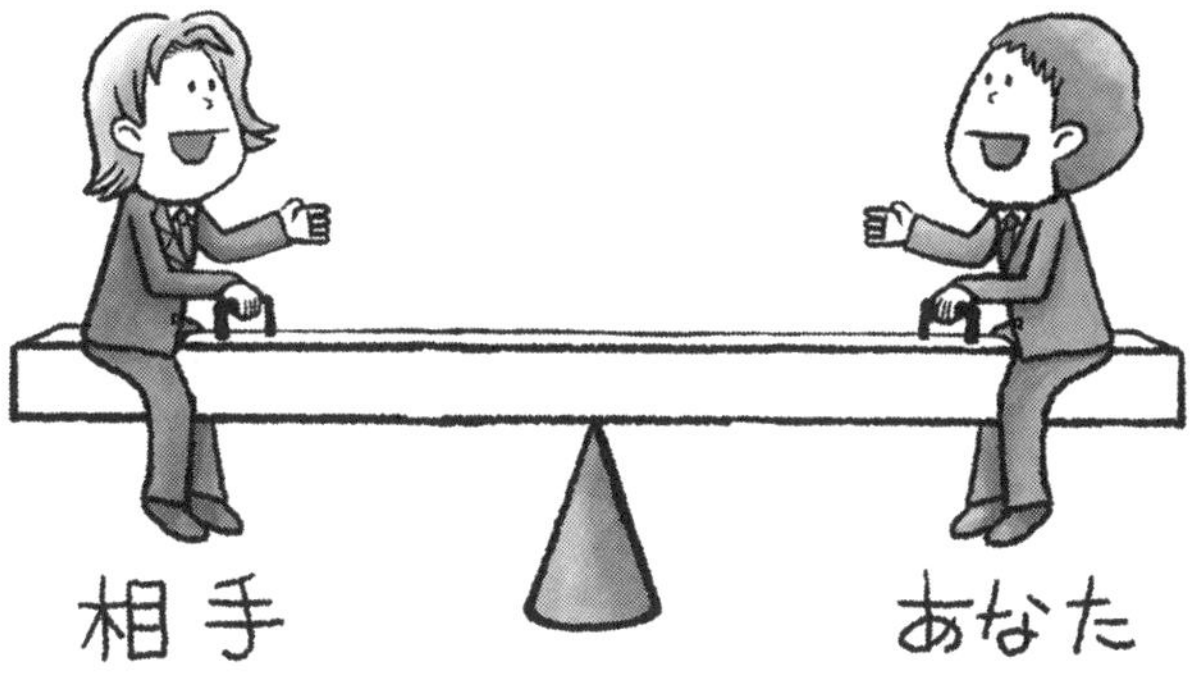

「私のせいで」「相手に悪い」と考えてしまう、「雑談罪悪感」を捨てることです。

イメージでは、

相手の気持ち＞自分の気持ち……×
相手の気持ち≧自分の気持ち……○

というくらいの感覚でいるのがいいのではと思います。

といっても、これはかなり感覚的な話です。

「イメージはわかったけど、実際はどうしたらいいの？」と思う人もいると思います。

「あなたに会えてよかった」気持ちを示す

では、どうすればいいか。

私があれこれ試して、一番効果のあった方法は、**「一期一会」**の気持ちを表明することでした。

「今、この瞬間にこの人と会って話すのは、一生に一度のことなんだ」と考えることです。

「この人と、また会うことは二度とない」と考えると、先々に嫌われたり、疎《うと》まれたりすることを心配する気持ちが軽減します。一生に一度と思えば、この時間が貴重に思え、相手に感謝する気持ちも湧いてきます。

「今、あなたに会えてよかったと思っています」という気持ちを相手に示す。

そして、にっこり笑う。相手の話をよく聞いて、うなずく。

これだけで、雑談で人に嫌われないコミュニケーションは十分可能なのです。


これは、私に大学で講義をする極意を教えてくれた先生から聞いた話です。

やってみると、効果てきめんでした。

それ以来、私は、雑談も講義も会議も、「ありがとう」「あなたに会えてよかった」という気持ちを前面に押し出すようにしています。


感謝をし、相手をリスペクトする気持ちがあれば、多少の言いよどみや、頓珍漢《とんちんかん》な発言をしても、自分を責める気持ちにはなりません。

フランスの哲学者モンテスキューは言っています。

「人と人との間に絆を築くことができる唯一のものがある。それは感謝の気持ちだ」

「罪悪感」を「感謝」で追い払う。

ぜひ、この発想の転換を試してください。

ポイント

「雑談罪悪感」を捨てて、この人と、この場で、この時間に、会えたことに「感謝」する気持ちを持つ。

「言葉のブイヤベース」をつくる

作家の開高健は、もともと名コピーライターとして活躍していました。

これは彼の文章です。

「……塔のような、帆船のような、大爆発のような」

なんのことを言っているかわかりますか。答えは「積乱雲」です。積乱雲を表現した彼の言葉です。

この言葉をはじめて見たときの印象は、**「ただ、心に浮かんだことを羅列するだけでいいのか！」**という驚きでした。

ひとつの雲を表すのに、いくつもの思いついた言葉を書き連ねていくことで、より具体的な雲のイメージが頭に浮かんできます。

油絵具で描くように、さまざまな言葉を塗り重ねて、「積乱雲」を描いている。そんなイメージでしょうか。

開高さんは、こういった表現を好んで使っていました。

雑談でも、この方法は大変有効なテクニックで、簡単にできる方法でもあります。

「あれか、これか」ではなく「あれも、これも」

開高さんのこの手法は、「あれか、これか」ではなく「あれも、これも」。

言いたいことを取捨選択するのではなく、いいと思ったものは全部入れて「言葉のブイヤベース」をつくる。

このやり方を知っていると、なんだか気持ちがラクになりませんか。

「何か上手いことを言わなければ」というマインドは、プレッシャーとストレスになります。上手く整理して話すのは、意外に高いハードルがあります。

でも、**そんなことはいったん忘れて、頭に浮かんだ言葉を、もっと自由に解き放っていい**わけです。これはうれしい。

言葉のブイヤベースのつくり方は、こんな感じです。

たとえば、部下の評価を誰かに伝えるとき。「どんな部下なのか」を伝えるのに、次のどちらが相手に刺さると思いますか。

言葉のブイヤベース法

「◎◎さんは、切れ者だが、仕事が遅い」

（キャッチフレーズ型）

「◎◎さんは、いつも、ハッとするひと言を言う。目からうろこの落ちることもある。情報通だし、人の心理を読むのもうまい。が、遅刻する。締め切りを守らない。言い訳が長い。結局、いつも間に合わない」**（ブイヤベース型）**

キャッチフレーズ型よりも、ブイヤベース型のほうが、部下の評価が伝わるんじゃないでしょうか。

ブイヤベース型には、鋭いひと言はひとつもありません。ただ、状況を細かく羅列し重ねることで、キャッチフレーズ型以上に**響く言葉**になっています。

ブイヤベース型がいいのは、何より言語化が簡単なことです。キャッチフレーズ型は、正直簡単にできるものではありません。でも、ブイヤベース型は、今すぐにでもできます。

「ひと言でズバッと言おう」という気持ちを抑えて、的外れな言葉、多少ずれた言葉などを含めて、あれも、これも、思いついた言葉を連ねてみてください。

さらに、ブイヤベース型が上達するように、毎日できる練習法がありますので、紹介します。

方法

身近にある、時計、ノート、コーヒーカップなど、なんでもよいです。

モノを観察してスケッチをするように、頭に浮かんだ言葉を書き出す。これだけです。

たとえば、コーヒーカップ。

- **丸い**
- **飲み口が薄い**
- **手触りがなめらか**
- **コーヒーが美味しそうに見える**
- **冷めにくい**

なんでもOKです。

会話では、こんな感じで使います。

「このコーヒーカップ、丸くて、手触りがなめらか。飲み口が薄い。このカップで飲めばおいしく飲めそう」

「自分が放った言葉を相手がどう思うか」を心配するのではなく、まずは言葉数を増やしてみる。これで、話すことへの抵抗感が薄れていくはずです。

雑談が苦手な人は、頭の中で、どうしてもこう考えがちです。

「どうやって返事するのが正解なんだろう？」
「変なことを言って、バカにされたくない」
「つまらない奴だと思われるのがイヤ」
「どのタイミングで話に入れば、変に思われないだろうか？」

こんなふうに、いろいろ考えすぎて、話せなくなるくらいなら、とにかく頭に浮かんだ言葉を重ねて、口に出していく。

そもそも雑談って、そんな大事な話をくり広げているわけではないですよね。ちょっとした合間に息抜きで話すことや、別に立ち話でもいいこと、そして、話の途中で切れてしまってもまったく構わない話のはずです。

だから、考えすぎはやめましょう。あなたは芸人じゃないんです。話がスベっても、あなた自身の評価や給料には影響しません。

私は長年、トップクリエーターを見てきました。舌鋒《ぜっぽう》鋭い政治家の近くにもいました。

彼らが日常の雑談などでも、常に世間を驚かせるようなパンチワードを繰り出しているかと言えば、そんなことはまったくありません。

むしろ、恐ろしくくだらないこと、無知なことをさらけ出している。うまく言えなくて、たくさんの言葉を重ねる人も多くいます。

世界で活躍するような彼らですら、そんな感じなのです。

あなたも、自分の口にかけている錠を外して、もう少し自由にしゃべってみませんか。

ポイント

切れ味のいいひと言を目指すより、思いつくままに言葉を並べてみる。

第2章

雑談が上手い人が話す前にやっていること

雑談は、会話をはじめる前が肝心。

目先のスキルやテクニックを身につける以外に、
もっと大事なことがあります。

まず、雑談が上手い人が自然にやっている
最低限度のことを知っていただきたい。

簡単で、すぐに取り組めることばかりですが、
超重要です！

読み進めるうちに、あなたの雑談力の土台となり、
柱となってくれることでしょう。

雑談は「感じのよさ」が武器になる

苦手な雑談を克服する一番手っ取り早い方法、それが「感じよくする」ことです。

「感じがよい」はすごい武器になります。

では、「感じのよい人」ってどんな人でしょうか。

- **顔を合わせるたびに、会釈してくれるお隣のAさん**
- **話したことはないけれど、いつもパリッとしたシャツを着ている近所のBさん**
- **面倒なお願いをしても、「はーい！」と元気よく返事してくれる総務のCさん**
- **いつも、笑顔でニコニコしている芸人のDさん**

こんなイメージが浮かんでくるんじゃないでしょうか。

では、「感じのよい人」になるために、何をすればいいのでしょう。スタートはこれです。

鏡の前に立つ。

まずは鏡の前の自分を見つめてください。顔だけでなく、姿勢や服装もしっかりと見てください。

- **しかめっ面になっていませんか**
- **笑顔は出ていますか**
- **思ったより疲れた顔をしていませんか**
- **髪の毛がボサボサではないですか**

・猫背になっていませんか
・服にシワはありませんか
・指を映してください。爪が伸びていませんか
・髭はきれいに剃れていますか
・まさか……鼻毛は出てないでしょうね？

ただ鏡の前に立つといっても、チェックすることはこんなにもあります。

そうなんです。

「感じのよい人」になる一丁目一番地は、「見た目」なんです。

一般には、「見た目」よりも「内面」が大切だと言われます。

しかし、理想論ではなく、いつも現実論を展開した『君主論』の著者マキャベリは、

「人は一般的に、内容よりも外見で判断する。内面を判断できる洞察力を持つ者はまれである」

と語っています。嫌な話ですが、これは現実。目からの情報で他人を判断する人はとても多いのです。また、イギリスの小説家リットンは、

「美しい顔が推薦状であるならば、美しい心は信用状である」

と言いました。「美しい顔」とは、外見のことをさすと考えたらどうでしょう。感じよく見られるように見た目の印象を整えた姿は、相手に自分を推薦する役割を果たすはずです。まずそれがあってから、内面の「信用状」が相手に届くのです。

だから、話す内容や、声の大きさ、話すスピードなどを気にする前に、まずは、

「見た目」から「イイね！」と思ってもらえるように、整えることが大事なのです。

大切なのは「清潔感」

感じよくすると言っても、おしゃれじゃなきゃいけないということではありません。求められるのは「清潔感」です。言い換えれば、**相手に不快感を与えない身だしなみにする**ということ。

トレンドに敏感になる以前に、シャツにアイロンをかけ、髪の手入れを怠らないことです。

清潔感があると、人は「きっと部屋もきれいにしていて、さまざまなことに気遣いができるのだろう」と想像します。

衣類を大切に扱っている様子から、「何ごともキチンとしているのだろう」などと、好意的なイメージを浮かべます。

逆に、どんなに話が面白くても、髪がボサボサだったり、だらしない格好ならば、「生理的に無理！」と、拒絶されてしまう可能性があります。

フランスの詩人ボードレールは、

「ダンディは、鏡の前で生き、かつ、眠らねばならぬ」

という強烈な言葉を残しました。**気を抜かず、どんなときもダンディであれ、という教え**です。

なかなかここまでは徹底できませんが、自分の顔や姿を鏡に映して、客観的に、人からどう見られているかをチェックする習慣は身につけたいものです。

私は、プレゼンや大切な会議の前は、必ずトイレに行って鏡を見ます。そのとき、服装や髪型をチェックする。

緊張した面持ちならば、無理にでも口角《こうかく》を上げて笑顔をつくる。

「人に見せる顔」がどんな状態かを自分で見ます。

街を歩いていたって、ショーウィンドーに映った自分を見て、猫背になっていれば直す。

自分の姿を自分で見るだけで、「感じのよい人」に近づくことができるのです。

最後にひとつ。これは、学生が教えてくれた話です。

「カバンの中がぐちゃぐちゃな人は、頭が悪い感じがする」

ハッとしました。そんなところも見られるのか……。

「感じのよい人」になるためには、身の回り全般に気を遣うことが大切なんですね。

ポイント

鏡で自分を見る回数を増やし、清潔感のある見た目を心がける。

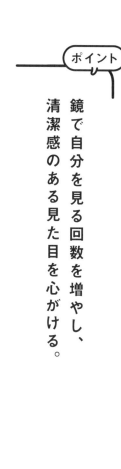

1人のときも「声」を出すと雑談力が上がる

ずっと家にいて、気づいたら誰とも話さず、声すら出さずに1日が終わっていた、という日はありませんか。

私も、学生時代に1人暮らしをはじめたころ、何日も声を出さないことがありました。大学がまだはじまっておらず、話す相手がいなかったのです。気づくと、3〜4日の間、ひと言も話さずに過ごしていました。

ある日、お腹が空いたので、近所のおそば屋さんに入り、注文をしようとして驚きました。声が出ないのです。しばらく声帯をふるわさずにいたせいか、しばらく素っ頓狂な音が出て、やっと声になりました。

後年、アナウンサーの友だちにこの話をしたところ、

「入院すると、足の筋肉があっという間に落ちるでしょ。あれと同じですよ。声も、使わないとすぐに出なくなる。脳も怠けるから、言葉がまとまらなくなる。鼻歌でもいいから、声を出しておいたほうがいいよ」

と言うのです。非常に説得力がありました。まさに「声の筋肉」が落ちてしまったようでした。

声を出すことにはストレス解消効果も

普段、声を出すことが少ないと、とっさのときにもなかなか声が出なくなります。

また、1人のときでも声を出していると、自分の心の声を認識することもできます。

声に出す　↓　声に出した言葉を改めて脳が認識する

つまり、声に出すことが、自分の正直な心を知る機会にもなるのです。

一方で、声に出さないでいると、脳の中に漠然とある感情や思考が、解像度が上がらない状態のまま存在してしまいます。

声に出すことは、プラスの効果が大きいのです。

日ごろあまり声を出していないと感じたら、**声の筋トレ**をはじめましょう。難しいことではありません。**積極的に声を出す**というだけのことです。

長い時間、パソコンのモニターやスマホと向き合っている私たちは、声帯をふるわせて声を出す機会が少なくなっています。LINEなどで、会話を交わしているから、結構話しているように感じますが、声を出す機会は減っているはずです。

声を出すと、自然と腹式呼吸が行われます。これだけで自律神経が刺激されて副交感神経が働き出し、心身をリラックスさせるそうです。

- 朝起きたら、「うーん!」とわざと声を出して伸びをする
- ジョギングなどの運動をして、「ハッ!」と大きな声を出す
- 作業がひと段落したときに、「ふー」と言って息をつく

最初はこれくらいで十分。声を出しているうちに、どんどん出るようになります。

「ありがとう」と言いながら掃除をする

声を出すことの効果を知ってから、私はこれをかなり意識してやっています。
たとえば、面倒くさいお風呂の掃除。これを黙々とやっていると、脳内は「めんどくさいなぁ」という思いで充満してしまいます。

そこで、**「ありがとう、ありがとう、ありがとう」と声に出しながら掃除をする。**

すると、はかどるし、いつもお世話になっている湯船やシャワーに感謝の念が湧いてきます。

今夜から、すぐにでも実践できるおすすめの方法です。

掃除をしながら「声の筋トレ」

鼻歌もよく歌っています。元気が出る歌の断片を歌っています。

このとき、ハミングではなく、歌詞を歌ったほうが効果的に感じます。脳が、言葉を出そうと働きだします。

今、私はパソコンでこの文章を書いています。書くときも私は、声を出しながら書いています。経験でいえば、眠くなることもなく、リズム感のある文章が書けます。声を出すことで、リラックスしながら書けます。

まずは1人でできることをやってみる。声を出す機会を極力増やす。

- **朝晩、本を2～3行、朗読する**
- **親や友人に、メールではなく電話をしてみる**
- **ペットやぬいぐるみに、声を出して話しかける**

実際に声を出せるなら、なんでも構いません。声を出せば、口もよく開くようになる。呂律《ろれつ》もしっかり回るようになるはずです。

ポイント

1人のときも「声の筋トレ」をする。
声出しだけで心身がリラックスできる。

「キラーほめ言葉」を用意すると雑談はグッとラクになる

あなたは、相手をほめることは得意ですか。

「お世辞は嫌い。言いたくない」

「ふだんのキャラと違ってしまうから、言えない」

なんて答えが返ってきそうです。

「謙遜の文化」「本音と建て前の文化」の中で生きてきた日本人は、ほめること、ほめられることが苦手という人も多いようです。

親ですら、我が子を他人の前で表立ってほめたりしませんし、誰かにほめられても自信のなさから、「本当に心の底からほめてくれているのかな？」なんて、相手の言葉を疑ったりしてしまうことも。

しかし、ほめられたほうは、悪い気がしないのも事実。

SNSで「いいね」をもらうとちょっとうれしくなる気持ちにも似て、**承認欲求や自己肯定感につながる言葉を言われて悪い気がする人は、あまりいません。**

雑談力を上げるには、こうした「ほめ言葉」を口に出せる体質になることが大切です。

そのための、いい方法があります。

それが、「SNSほめ」です。

SNSで「ほめること」を貫く

あなたはSNSにどんな言葉を並べているでしょうか。

ちょっとした愚痴を書き連ねていたり、誰かをうらやむ気持ちを表現したりしていないでしょうか。裏アカウントで毒を吐いたり、匿名をいいことに、誰かに攻撃的な言葉を向けていませんか。

普段からマイナスな言葉を多用すると、クセになります。それはあなたの思考にも影響し、結果としてリアルの場で好かれない原因になり得ます。

言葉を「匂い」にたとえて説明しましょう。耳心地のいい言葉を「香水の匂い」とし、耳心地の悪い言葉を「汗臭い臭い」とします。

想像してみてください。

人に耳心地のいい言葉を発すれば、あなた自身も香水の匂いを嗅いで気持ちよくなれますね。耳心地の悪い言葉を吐けば、汗の汚臭を自分でも嗅ぐことになる。これは最悪です。

自分が紡《つむ》いだ言葉を一番よく聞いているのは自分。

それは記名でも匿名でも、裏アカでも同じです。**発した言葉の匂いを一番近くで嗅ぐのは自分なのです。**

さらに「言霊」という言葉が示すように、**あなたの思考を盛り込んで言語化したものは、そのまま現実になりやすい。ポジティブな言葉を使えば物事は上手くいくようになるし、反対にネガティブな言葉を使えば上手くいかなくなる**のです。

ですから、日ごろから、悪い言葉、汚い言葉を吐かないよう努めましょう。

では、具体的にどうしたらいいか。

SNSでは、相手をほめて、喜んでもらえる書き込みをすればいいのです。

「おめでとう！」
「おいしそうです。よかったね」
「大変そうだね。体が心配です」
などとコメントを書き込む。

最低でも「いいね！」の評価をつける。これだけで十分です。

博報堂生活総合研究所の「いいね！」の値段調査によれば、**1回の「いいね」の値段は、556円**だそうです。それだけの値がつくほど、多くの人が認められたい、ほめられたいと思っているのでしょう。

X（ツイッター）やインスタグラムに、相手の気持ちを思いやる短いコメントを書くことを習慣づけていく。

続けるうちに、こうした言葉を書いたり、語ることがクセになります。

脳が、人をほめたり、共感することを「当たり前」だと思う習慣がつくのです。

習慣になれば、もうこっちのもの。雑談の場でも、同じようにほめ言葉がスラスラと出てくるようになるはずです。

フランスの作家フランソワーズ・サガンは、

「思いやりのある言葉は、たとえ簡単な言葉であっても、ずっとずっと心にこ

だまする」

と言っています。

まずは、誰かが自分でつくった料理の写真をアップしていたら、「おいしそう」と書き込むくらいで構いません。

バカらしいと思わず、ぜひやってみてください。

続けた先に、これまでとは違ったあなたの姿があるはずです。

ポイント

みんなほめられたいと思っている。
ほめ言葉を伝えるクセをつける。

第3章

「雑談だめメンタル」をぶっ壊す

「雑談が嫌い」「雑談が苦手」という意識は、
思いのほか、あなたを雑談ベタにしています。

だからこそ、ちょっと考え方を変えるだけで、
苦手意識が薄らぐものです。

「病は気から」と言うように、
気の持ちようは雑談でもとても大事なこと。

さあ、ページをめくって雑談が苦手なあなたと
サヨナラしてください。

「雑談だめメンタル」改善クリニックの、
はじまりはじまり～。

ほとんどの人はあなたを嫌いにならない

「あっ、チラッと時計を見た。つまらない話と思われたかも」

「今の返事、そっけなかったな。嫌われたかも」


雑談をしている最中の相手の反応、気になりますよね。

ちょっとした表情やしぐさから妄想して、どんどん不安になっていく。

実際、目の前の相手が自分のことをどう考えているかなんてわからないのに、ついついネガティブに考えてしまう。

雑談が苦手な人、あるあるです。

そんな不安を感じやすい人に、ぜひ伝えたいことがあります。それは、**「嫌われないから、安心しなさい！」**ということです。

あなたが、相手に対して感じのよささえ保っていれば、そんな簡単にあなたを嫌いだと思わないはずです。そこまで簡単に、人は人を嫌いにならないものです（嫌いになる相当な理由があるときは別ですが）。

だから、相手の気持ちを勝手に想像して、不安になったり、自信をなくすのはやめましょう。好かれているか、嫌われているかなど、そもそもわからないことにエネルギーを割いても、いいことはありません。

わからないことは、「わからない」というままで受け止めておくことです。

私が以前、初めて本を出版したときのことです。

ネット上に書き込まれた本を読んだ人のレビューを読んで、落ち込んだことがありました。

レビューには高評価も多数あったのですが、一部に低評価や批判的なことが書き込まれて、それを読んでしまい、まるで自分のことを全否定されたような気持ちになり、ショックを受けたのです。

そのときに、その本を担当してくれた編集者に言われました。

「ひきたさん、まさか高評価だけつくと思っていませんでした？　高評価だけの本なんてありませんよ。たくさんの人に読んでもらえば、高評価も低評価も、両方つきます。それが健全な評価です」

また、こうも教わりました。

「世の中は、自分に好意的な人は2割。無関心な人が6割。合わない、嫌いな

人が2割で構成されています」

これを聞いて、私は目から鱗が落ちました。
下手をすれば、全人類から嫌われたくないと考えていた自分の愚かさに気づかされました。
レビューを書いてくれた人たちは、私のことを嫌ってコメントしたのではなく、私の著書の評価をしてくれただけだった。
私は本を書きましたが、私=本ではないのです。そんな当たり前のことにも気づかされました。

あるとき、私の教える学生がこんなことを書いてきました。

「万人受けするハンバーグですら嫌いな人がいるのに、誰からも好かれる人間なんていない」

名言！　まったくその通りです。自分を嫌う人だって、いても当たり前。嫌われる勇気を持たなくてはいけません。

反面、あなたのことを好きでいてくれる人だっているのです。

「すべての人から好かれよう」という十字架を背負わないでください。その十字架はとても重いから。

もし、自分とは合わない、自分を嫌っているかもしれないという人がいたら、そちら側に視点を向けるのではなく、むしろ合う人、好きでいてくれる人のほうに視点を向けたほうがいいと思います。

2：6：2の法則の「自分に批判的な人」はスルー！

これでいいのです。

2:6:2の法則

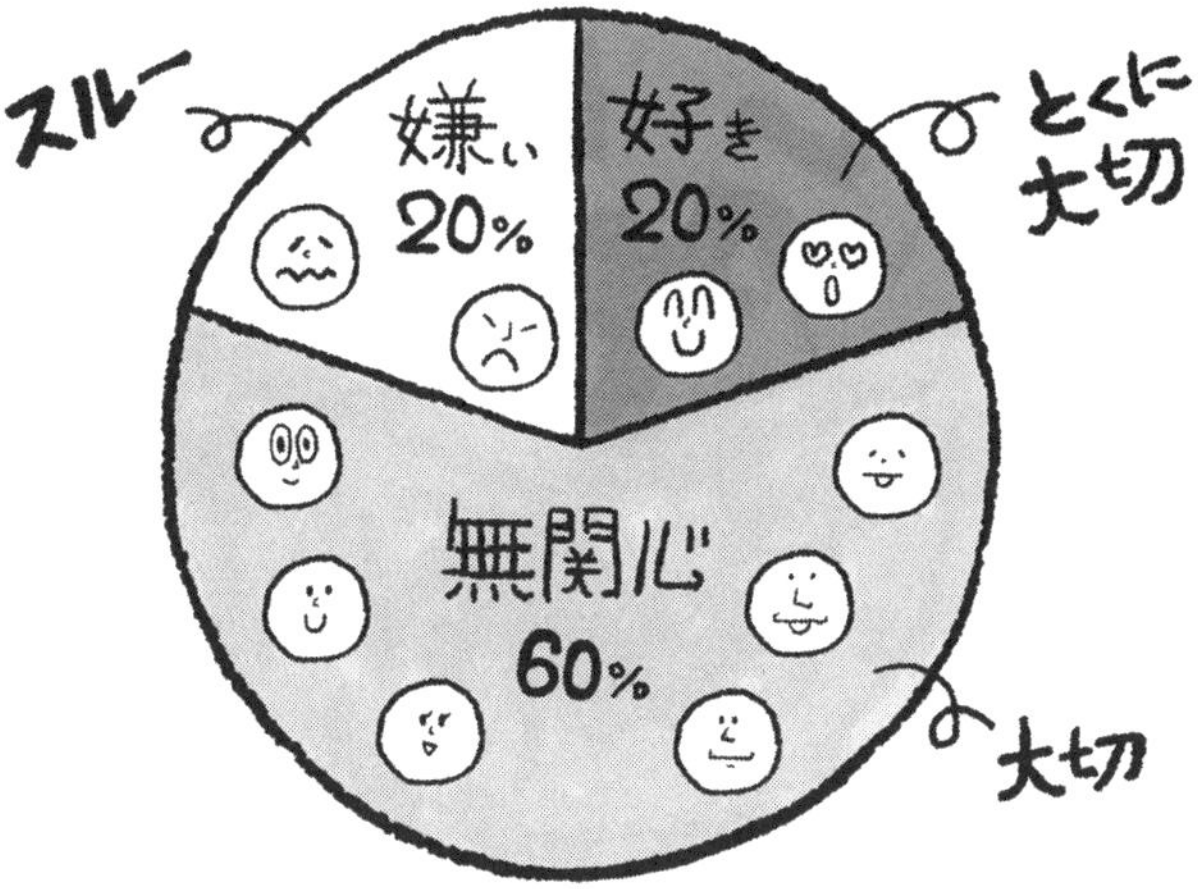

「あ、この人は、私とは合わない2割の1人だな」と感じたら、ここはポジティブ思考になっていいところ。

「でも、私の味方だって2割もいるし！」と考えて、あなたの心の中から追い出してください。

それができたとき、**あなたは、自分の努力で解決できない人間関係を、あなたの人生から切り離すことに成功した**のです。

そう考えたら、少し心が軽くなりませんか。

2：6：2の法則の中で、自分とはどうしても合わない2割の人たちのことまで考えているパワーを、**残りの8割の人に向けられるようになった。**

そうすれば、あなたのことに無関心な6割の中から、あなたのことを好きになってくれる人も出てくるかもしれません。

さらに、あなたのことをもともと好きな人が、もっとあなたを好きになってくれるかも！　同じ力を割くなら、そういう人たちに寄り添いたいと思いませんか。

マイナス感情を自分から切り離すだけで、心の負担は何割か軽くなります。この方法を理解するだけで、少しずつ自分の心が元気になっていくはずです。

ポイント

すべての人から好かれている人はいない。
あなたのことを好きでいてくれる人のために
時間を使おう。

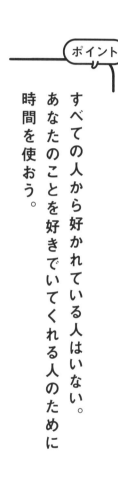

「緊張しています」と素直に言おう

緊張。

これも、雑談を苦手にしている大きな要因じゃないでしょうか。

初対面の相手はもちろん、会社の上司や同僚、職種の違う人、得意先、先生や講師、異性、世代差のある人、隣人……。

ちょっとした雑談も避けたいから、エレベーターに乗り合わせないようにするとか、気を遣うこともあると思います。

対面で話すときは、相手と目が合うだけで緊張してしまう。

ましてや、たくさんの人が集ったときには、どこを見て話していいかわからない。緊張が倍増。

緊張という負荷がかかると、それだけで本来の自分を出すことは難しいものです。

スポーツの世界では、よく「ホーム」と「アウェイ」という言葉が使われます。ホームは、自分のチームの本拠地のこと。アウェイは、相手チームの本拠地です。

雑談が特につらくなるのが、自分にとってアウェイの環境にあるとき。

慣れない環境だと、相手のペースに呑み込まれてしまう可能性があるからです。**「アウェイによる負のマインド」**が起きてしまうのです。

プロの野球選手も、ホームでの試合は自軍ファンに囲まれ調子が上がるけど、敵地であるアウェイでは、力を発揮するのがとても大変だそうです。

雑談の環境も、アウェイだとけっこう厳しいですよね。

そこでまず、**自分が参加する雑談の場を、アウェイからせめて「プチホーム」に変える工夫をしてみてください。**

「そんなこと、できるの？」と思う人もいるでしょう。

はい、できます。

それには、**緊張している自分の気持ちを打ち明ける。**

アウェイの場で、自分が今緊張しているということを、最初に相手に素直に打ち明ける。こうするだけでも変わるはずです。

アウェイの環境のデメリットは、その場の雰囲気に呑まれてしまい、「平常心を保てなくなること」や「緊張が高まること」です。

そうなってしまう根源には、「周りから変に思われないか」「どんな評価をされるか不安」「失敗をしたくない」という気持ちがあります。

自分をよく見せたい、ダメな部分を見せたくないという、「自分を守りたいマインド」があり、結果的にそれが緊張を高めていきます。

だったら、先にダメな部分をカミングアウトしてしまえばいい。

そうすると、「自分を守りたいマインド」を手放せます。

【アウェイの環境】

- 自分を守りたい

・失敗やダメな部分を人に見せたくない
←
・人の評価が気になる
←
・平常心が保てない、緊張が高まる

【解決策】

・ダメな部分をカミングアウト
←
・「自分を守りたいマインド」を手放せる
←
・失敗やダメな部分を見せることが怖くなくなる

← ・人の評価も気にならなくなる

← ・平常心が保てる、緊張が薄まる

← ・「プチホーム」完成！

こういう流れをつくればいいですよね。

でも、こう考える人もいるかもしれません。

「『緊張』と言ってしまうと、余計に緊張しそう」

言霊という言葉もありますし、脳が「自分は緊張状態にある」と認識してしまう

こともあるでしょう。

でも、この**「自分の気持ちを打ち明ける」目的は、その場にいるみんなに、あなたの心の状態を知ってもらい、それを共有してもらうところ**にあります。

緊張して、1人で悩んでいる不安をオープンにして、相手に共有してもらう。

この**「共有」**がポイントです。

相手に自分の気持ちを共有してもらうことで、アウェイの環境は「プチホーム」になります。

実際に、共有点が持てれば、相手との関係性が変わることはよくあります。

たとえば、地元が一緒、趣味が同じ、年齢が同じ……、**共有することがあるとコミュニケーションはしやすくなる**のです。

今現在、「緊張している」と現時点の状況を話すのは、肩の力を抜く作用もあります。
緊張している状況を素直に受け入れて、自分なりの「プチホーム」をつくりあげてください。

ポイント

緊張しているときはその気持ちを共有して、「プチホーム」の環境をつくる。

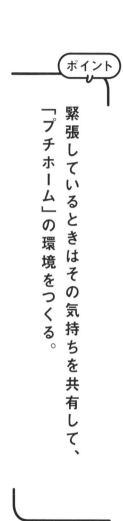

×たくさんしゃべろうとする
○感じたことだけ正直に話す

日本人は、長く「沈黙は金」「以心伝心」を美徳としてきました。

それが、あっという間に「おしゃべりは金」の世の中です。

会社では、**雑談は「無駄口」のように扱われてきたのに、今では「社員の雑談を増やすことが成長の鍵」とまで言われています。**

無口が、報われない時代になってしまいました。

そんな世の中ですから、私のところにこんな相談が増えています。

「友人、知人に口数が少ないと言われます。こんな自分が話しても、きっと相手は楽しくないだろうなと思うと、話す気力が湧いてきません」

小学生から経営のトップ層まで、老若男女を問わずに多い悩みです。

しかし、この悩みは、**単に口数が多くなれば解決する問題なのでしょうか。**

流暢に話せれば、「楽しい人」と思われるのでしょうか。

たとえば、あなたが友人と、ラーメンを食べていたとします。

ひと口食べて、相手が、

「うん、縮れた麺にスープがよくからんでる。いかにもしょう油味らしい、澄んだ色合いとチャーシューの色がよく合っているね」

なんてとくとくと言ったら、楽しく感じるでしょうか。

それより、言葉も忘れて食べたあと、最後に天井を見上げて、

「……うまかった」

と言う人のほうが、ずっとつき合える友だちになれそうだと思いませんか。

無口の人が、口数を増やすのは簡単なことではありません。

だから、**そんな努力は必要ありません。**

一緒にいたい、また会いたい、ずっとつき合っていきたいと相手に思ってもらうためには、「口数とは別のこと」が必要なだけです。

それが、ラーメンを食べたあとに「……うまかった」というような、**素直に思ったこと、心で感じたことを口に出す力**なのです。

語彙がどれほど豊富でも、論理的にものを語ることができても、心の底から感じていることを言葉にできなければ、相手には伝わりません。

まずは、自分の気持ちを、心の内に留めておくのではなくて、意識して、声にしてみましょう。

最初は恥ずかしい気持ちがあるかもしれません。

無理せず、ひとり言っぽくてもいい。それをくり返して、体に染み込ませていくことで雑談力もついていくはずです。

お風呂に入ったら「気持ちいいなぁ」と声に出して言う

意識して声に出す練習は、実に簡単です。

感情が変化した瞬間に、それを声に出して言語化するのです。

たとえば、

- お風呂に入ったとき、**「気持ちいいなぁ」**と言う
- 朝、玄関を出て外気に触れたら、**「暑いなぁ」「寒いなぁ」**と言う
- ご飯を食べるときは、**「おいしいなぁ」「甘いなぁ」「いい匂いだ」**と言う
- 満腹になったら、**「おなか、いっぱいだ」**と言葉にしていく
- 映画を観たら、**「面白かった」「結末が好きになれなかった」**と感想を言う

「そんな子どもっぽいこと、できないよ！」

と思うかもしれません。

そこなんです、あなたが雑談が苦手になっている原因は。

小さい子どもは、思ったことをすぐに口にします。素直に言語化できます。

大人は、人の視線ばかり感じて、子どものように無邪気に声を出すことを忘れている。その感覚を取り戻すのが、「感じたことを、すぐに口にする」という方法なのです。

「個人的な感想です」からはじめる

そうは言っても、雑談が苦手な人は、自分が今まさに発言しようとすることが、その場に適したものなのか、正解なのか、わからなくて、押し黙ってしまうのではないでしょうか。

頭で理解できたとしても、それが簡単に実行できれば、苦労しないのです。

「感じたことを、口にする」と言っても、それがスッとできない人は、どうしたらいいのでしょうか。

ここでは、**無口な人が上手く感想を述べられた例**を紹介します。

先日、若いスタッフ数人と、カレーライスを食べに行きました。

その中に、かなり無口な人がいました。

有名なカレー屋さんだったので、みんなが食べた印象を口々に言っています。でも、その人は何も言わないので、私が、

「○○さんの食べた感想はどうですか？」

と聞いてみました。彼はしばらく考えて、

「個人的な感想ですが、僕は、ライスとカレーを分けて持ってこられるより、ライスにかけてあるほうが好きです」

と、ぼそっとつぶやいた。この発言が突破口になって、一緒にいたスタッフたちも、どちらが好きかを言い出し、大いに盛り上がりました。

彼の話し方で、何がよかったのでしょうか。

答えは、「個人的な感想ですが」という言葉を使って話しはじめたことです。

話す内容に自信がなければ、とりあえず、自分で（失敗してもいいという）心の逃げ場所をつくっておいて、それから話せばよいのです。

聞くほうも、「個人的な感想なのね」と思って聞くので、自分の感想と違ったとしても、それをとやかく言うことはありません。

でも、こんなパターンのときはどうでしょうか。

「そもそも、個人的な意見、感想が湧いてこない。まったく何を言っていいのか見当もつかない」

こういう人は、例にあげた彼のように、気の利いたことが言えないかもしれない。

でも、まずは、カレーを食べて、「好きなのか」「あまり好きじゃないのか」この2択はできますよね。

まず、そんな初歩的な感想を述べるところからはじめましょう。

そして、**「なぜ、好きだと思ったのか」「なぜ、あまり好きじゃなかったのか」を一つひとつ考えてみましょう。**

それをくり返していくと、自分の好み、思考が明確になってきます。

千里の道も、まずは一歩から。

もちろん、意見や感想は人それぞれですから、相手の意見と自分の意見とが違うこともあり得ます。それが心配なら、自然に会話がつながる「質問」の形で返せば大丈夫。

「個人的に、あまり好きではないですが、あなたはどうでしょうか？」

といった具合に。

当然ですが、**気持ちや感想には正解がありません。**

雑談なら、あなたが感じたことを素直に口にすればいい。そのひと言をきっかけに、周りの人も自分の感想を言い出して、雑談が広がっていくこともあります。

自分の感じたことを言葉にする習慣をつけましょう。

ポイント

「うまかった」「気持ちいい」「あったかい」……
感情が動いたら、すぐ言葉にする
「瞬間言語化」を心がける。

会話の「間《ま》」は相手の考えている時間になる

雑談が苦手という人からよく聞く悩みのひとつが、「話が途切れたときの沈黙をどうしたらいいのか」「話に『間』が空くのが怖い」というものです。

これは雑談が苦手な人に限った話ではなく、多くの人は**「沈黙恐怖症」**です。

この「沈黙」「間」の恐怖から逃れるには、どうすればいいのでしょうか。

ここでは、私が「沈黙」「間」の恐怖を克服したエピソードをご紹介します。

沈黙ができたとき、何を考えているか

私が若い頃のことです。

勤めていた広告会社では、とにかく雑談が活発に行われていました。単なる雑談の中に、気の利いたアイデアや面白い意見や質問が飛び交い、投げかけられた質問には、即答しなければならない空気がありました。

ところが、私が放ったひと言に、上司や先輩は「怖い顔」をしてこちらを見るだけ。反応が薄かったりということも、しょっちゅうありました。

そんなことをくり返すうちに、自分の意見を言うのが怖くなってきました。

何か言うと、

「バカにされるんじゃないか」
「嫌われるんじゃないか」
という考えが、先に立つようになってしまったのです。

自分が話したあとに、みんなが黙っている、あの重苦しい時間に耐えられなくなりました。

私も、立派な沈黙恐怖症だったのです。

私は、ある日、この空気が耐えられなくて、会社の先輩に「話をするたびにみんなからあきれられていて、つらい」と弱音を吐いたのです。

すると、先輩から予想だにしないことを言われました。

「君の発言に対して、みんなはバカにしたり嫌ったりしてるわけじゃないんだよ。なかなか答えるのが難しい話が多いから、みんなどう答えたらいいかを一生懸命考えているんだ。考えている時間が間になっているだけだ。君は誤解をしてるよ」

私は、はじめて知りました。

「間」は、相手が何を言おうか一生懸命「考えている時間」でもあるということを。

もしも、目の前の相手が押し黙ってしまったら……それは、何かを伝えようとがんばって考えているのかもしれません。

だって、あなただってそうでしょう。

沈黙が訪れたとき、何を考えていますか。

「どうしよう、何か言わなくちゃ。この人はどんな話が好きなんだろう？」
「沈黙、気まずい！　さっきの話をヒントに話題を広げようかな」
みたいな感じで、**いろんなことをグルグル考えているん**じゃないでしょうか。

話が回らないことを自分のせいにする必要はありません。
雑談は、あなた1人でしているのではなく、相手がいるのですから、1人で責任を感じる必要はないのです。

沈黙なんかで自分を責めないでください。訪れた沈黙は、相手と一緒に打ち破ればいいのです。

会話における「間」は、互いが「もっといいコミュニケーションをしたい！」

いう気持ちにあふれた時間と考える。

これで、私は「間」が怖くなくなりました。

別のアクションで気まずさを強制リセットする

「間」は怖いものではないと頭ではわかっても、やっぱり間を避けたい。そういうときはどうしたらいいか。

そういうときは、「一度逃げる」というやり方があります。

たとえば、かかってきてもいないのに「すみ

ません。電話が……」と言って席を離れてしまう。トイレに行く。

とにかく、**重い「間」が流れた場面を強制終了してしまうのです。**

そして、戻ってきたら「ところで……」とまったく別の話をすればいい。

沈黙の時間は、相手にとっても沈黙。

お互いにとって気まずい時間だと感じたら、多少、強引でベタなやり方で、沈黙を切ってしまうのもアリです。

ポイント

「間」ができても、自分も相手も責めない。
どうしても気まずくなったときは、
いったん場をリセットする。

価値観がまったく違う人と話すのが苦手な人へ

「会社の若い子たちとコミュニケーションとりたくても、話がまったく合わない。ジェネレーションギャップを感じて、話しかけるのが億劫になる」

「オジサンたちの話は、昔話が多くてぜんぜんピンとこない。もっと若者にもわかるような話をしてほしい。話も長いから、こっちから話しかけたいとは思わない」

わかります、どちらの意見も。

私はかつて若者でしたし、現在はオジサンをやっていますから。

違う世代や価値観の異なった人たちと話すのは、誰でも苦手に感じるものです。

価値観が違う人たちに囲まれて生きる

「自分と違う人」とつき合うよりは、自分と「似ている」もしくは「同じ」だと感じる部分が多い人とつき合うほうが居心地がいいからです。

でも、その狭い世界だけで暮らしていくことは無理です。

図で表すと、上のようになります。

自分と同じではない部分を持っている人たちのほうが圧倒的に多いですよね。

価値観は、世代、環境、持って生まれたもの、社内風土など、さまざまなファクターによって、非常に細分化されています。

価値観が違えば使う言葉も違うし、ギャップがあればあるほど、その相手とはコミュニケーションをとるのが大変に感じます。


でも、実はそういう相手と話すときのコツがあるんです。

それを教えてくれたのは、外資系企業に勤める知人でした。

外資系企業に勤める人がやっている話し方のコツ

知人の勤める外資系企業には、さまざまな価値観を持った人がいるそうです。国籍も違えば、世代も違う。

そんな会社の中で、どうやってコミュニケーションをとっているか、秘けつを教

えてくれました。それが、

Friendly but politely.

親しみやすいけど、ていねい。

ということだそうです。

さまざまな考えの人と話す。

そのとき、親しみやすい言葉を使うけれど、決してナァナァな友だち言葉にならない、ということに気をつけているそうです。

そんな簡単なことかと思うかもしれませんが、これが効果があるそうなんです。

具体的には、会話する中で、こんな心がけをしているそうです。

- **相手に尊敬の念をもって接する（あいさつを忘れないなど）**
- **仲のよい友だちに語るよりも、ていねいにする**
- **「です・ます」調で話す**
- **「ありがとうございます」などの、感謝の言葉はしっかり伝える**
- **「食べれる」「見れる」などの「ら抜き」言葉はできる限り避ける**
- **「やべぇ」「マジ」といった、ニュアンスが伝わらない言葉は使わず、その気持ちを別の言葉でもう少し詳しく語る。**

たとえば、**相手が自分よりも年下であっても、経験が浅い人であっても、同じ態度をとるそうです。**

まずは、形から入って、たくさん相手と話をしていく中で、価値観などの違う人と話すことへの苦手意識を取り払えたらいいですよね。

そもそも、脳は他人とわかり合うのが難しいようにできているそうです。
たとえば、シマウマを見て、「白に黒い線」と考える人と、「黒に白い線」と考える人とがいるそうです。

価値観も、違って当たり前。

そこからスタートすると、コミュニケーションがとれたときに、より喜びが大きくなるはずです。

「どうせ、相手は年寄り（ｏｒ若造）だ。自分の言うことなんてわからない」
「相手の話している内容が、理解不能」
「上から目線で、気分が悪い」

などと言って避けるのではなく、価値観の違う人を観察し、そこから何かを学ぶくらいの気持ちで接するといいかもしれません。

くり返しますが、**今の世の中、話が通じないのが当たり前なのです。**

お互いの違いを認め、絶えず相手を尊い存在だと思う。

「親しみやすさとていねいさ」を意識して、雑談に参加してみましょう。

ポイント

「親しみやすいけど、ていねい」な言葉を心がける。

第4章

今すぐ雑談がラクになる簡単テクニック

ここまで、雑談の武器を2つ紹介してきました。

「感じのよさ」と「雑談メンタル」を身につけた
あなたは、もうだいぶ雑談についての考え方が
変わったのではないでしょうか。

いよいよ、ここからは実践編です。

雑談が上手い人はみんなやっている、
今すぐ雑談に役立つコツを紹介します！

「よい口ぐせ貯金」をする

真似には、いい真似と悪い真似とがあります。
たとえば、著作権を無視して丸パクリする真似は、悪い真似です。
では、いい真似はどんなことでしょうか。

そのひとつが、**話が上手い人を真似る**ということです。能力が高い人のやり方を真似ることは、どんどんやったほうがいいです。

たとえば、誰とでもすぐに仲良くなる同僚、お客さんからの信頼度が高い営業の先輩、アニメやドラマの主人公でもかまいません。

「あの人みたいに話したい」と思う人の、真似をするだけです。

真似をして、**自分以外の誰かになる**ことは、話し方を学ぶうえで絶大な効果を発揮します。

「学ぶ」は、「真似ぶ」が語源です。

つまり、**「真似をする」ことが、何かを習得する近道**なのです。

私の知人が、学生だったころの話を聞かせてくれたことがあります。

彼には、尊敬する先輩がいました。

先輩は、背が高く、オシャレで、整った顔であるだけではなく、おしゃべりも上

手で、いつもたくさんの女子に囲まれていたそうです。

憧れの先輩みたいになりたい！　そう思い、彼はまず先輩の何を真似したと思いますか。

極太の黒メガネから、コンタクトにしたそうです。

完全に、見た目から入ったんですね。

その結果、彼は「最近、ちょっとオシャレになったよね」と言われることが増えたそうです。そういった、周りの反応が彼を変えていきました。それまでは自信がなかったのが、どんどん自信をつけていったそうです。

人と話すのが苦手だったのが、なんと人と話すことに抵抗がなくなり、今では話が上手い人と呼ばれるようになったそうです。

先輩を真似ていたら、その先輩からアドバイスももらったそうです。「モテたかったら、週刊誌をたくさん読め。まずはネタを蓄えることだ」アドバイス通りに週刊誌を読み漁ったこともあって、話すことがどんどん楽しくなっていきました。

真似をすることで、さまざまなことがうまくいったいい例です。

憧れの人を、まるまる真似するのはハードルが高いので、まずは**「プチ真似」**からはじめる。**真似ポイントを絞り、どこかひとつだけにしたら真似できる**んじゃないでしょうか。

話の上手い人を分析&口ぐせをストック!

私も、真似を活用した経験があります。

東日本大震災を機に、子どもに向けた話し方教室をはじめた私には、NHKの「週刊こどもニュース」でわかりやすい解説をしていた池上彰キャスターがモノマネの対象でした。

彼が子どもたちに話しかけるテンポや間の空け方を研究し、随分学びました。そのおかげで、それまでは小学生と話すのが苦手だったのですが、今では**「小学生にやさしく話しかけるおじさん」**になることができました。

話が上手い人たちから、話し方のポイントをどんどん盗んでください。

コツがわからなければ、相手が知人であれば直接聞いてみるのもよいかもしれません。そうやって頼られたら、その人独自の話し方のポイントを教えてくれるかもしれません。

もし、**話を聞くのが難しい場合は、観察です。**

周りにいる「人から、なぜか好かれる人」「話を盛り上げるのが上手い人」、そんな人を見て、「この人は、なぜ好かれるのか」という視点で観察し、分析してみましょう。

私も、いろいろな人を観察し、分析してみました。どんな人からも好かれる友人を観察してみると、発見がありました。

彼は、**「どうも、ありがとう」**と言う回数が、信じられないほど多かったのです。普通なら「はい」ですませてしまうようなところでも、「どうも、ありがとう」と言っていました。これは、私にはすごい気づきでした。

また、老舗の大企業のオーナーは、**「あなたは、どう思われますか？」**と、人の意見を聞くことが非常に多いことに気づきました。これも驚きでした。

社会的に地位が高い人なので、自分の意見を伝えればいいだけかと思っていたのですが、まったくそんなことはなし。彼から意見を求められたほうは緊張するかもしれませんが、同時にうれしさもあると思います。

こういうところが、人から好かれるポイントなのかと、感心しました。

このように、観察、分析で発見した話上手な人の「口ぐせ」をストックしておくのはおすすめです。

メモして、リストにして、「よい口ぐせ貯金」をしてみてください。

こういった習慣が、あなたの雑談力を上げることになります。

映画やテレビの主人公も、けっこう参考になります。

私は、弁護士が主人公の映画をよく観ます。その弁護士の動きや目つきなどを真似てしゃべることで、難しい会議を乗り切ったことが何度もあります。

そのほか、お坊さんや牧師さんのＹｏｕＴｕｂｅもよく見ます。難しい質問、悲しい出来事に対し、どのような口調や表情で話すのか。とても参考になります。

真似ることとは、その人が実際にどんな言葉をくり出すかだけではなく、身ぶりや口ぶりなど、参考にできるところがたくさんあります。ほかの人の話し方をどんどん真似して、自分の話し方に磨きをかけていきましょう。

ポイント

話が上手い人や、人から好かれる人の話し方や口ぐせを参考にしよう。

名前の話でファーストコンタクトを制す

はじめて会った人に、**たったひと言で自分が相手に興味を持っていることが伝わるコツ**を知っていますか。

それは**相手の「名前」を呼ぶ**こと。

名前は、生まれてこのかた、その人が最もよく聞く親しみ深い言葉のひとつです。
名前を呼ぶことで、相手に興味があることを示すことができます。

たとえば、はじめて会った人とは、こんな自己紹介をしていませんか。

「はじめまして、●●と申します」

「どうもどうも、はじめまして、▲▲です」

こんな感じで、自己紹介をお互いに終わらせるのはもったいない！

名刺をもらった瞬間に名前を読み上げる

では、どうすればよいか。

具体的に相手の名前を呼んで好印象を与える方法を紹介しますね。


初対面のとき、ビジネスシーンであれば名刺交換をします。

まず、名刺をもらったら、とにかく相手の名前を声に出すこと。

これを心がけてください。

受け取ると同時に、

「鈴木《すずき》紗香《さやか》さん、ありがとうございます」

と、名前の読み方が間違っていないか確認します。

ビジネスシーンでなくても、名前を聞いたら、相手の名前を口に出してリピートしてください。

そして、「鈴木さんの紗香は、糸へんの紗なんですね。間違えないようにします」などと、名前の話題を続ける。名刺をもらわないシーンであれば、相手の名前の漢字をどう書くか、確認してください。

これだけの短い会話の中に、相手の苗字と名前を何回も口にしています。

これで、かなりの印象度アップになるはずです。

●本書へのご意見・ご感想をお聞かせください。

ご協力ありがとうございました。

郵 便 は が き

切手を
お貼りください

105-0003

（受取人）
東京都港区西新橋2-23-1
3東洋海事ビル
（株）アスコム

雑談が上手い人が
話す前にやっていること

読者　係

本書をお買いあげ頂き、誠にありがとうございました。お手数ですが、今後の出版の参考のため各項目にご記入のうえ、弊社までご返送ください。

お名前	男・女	才
ご住所　〒		
Tel	E-mail	
この本の満足度は何％ですか？		％
今後、著者や新刊に関する情報、新企画へのアンケート、セミナーのご案内などを郵送またはeメールにて送付させていただいてもよろしいでしょうか？　□はい　□いいえ		

返送いただいた方の中から**抽選で3名**の方に
図書カード3000円分をプレゼントさせていただきます。

当選の発表はプレゼント商品の発送をもって代えさせていただきます。
※ご記入いただいた個人情報はプレゼントの発送以外に利用することはありません。
※本書へのご意見・ご感想およびその要旨に関しては、本書の広告などに文面を掲載させていただく場合がございます。

さらに、名前の話を続けたり、話の途中に名前のことを折り込んだり、名前を通して相手に関心があることをくり返し伝えていきます。

たとえば、漢字の組み合わせ方など、名刺を目にしたときに自分が気になったことを聞けばよいのです。

具体的には、こんなことが話のタネになると思います。

- **読み方**
- **漢字**（好き、難しい、めずらしい、見た目がきれいなど）
- **画数**（多い、シンプル、書きやすそうなど）
- **名前**（親戚・友人、タレント、マンガの主人公と同じなど）

「すてきなお名前ですね」「俳優さんみたいですね」「はじめて見ました」など感想や自分の気持ちをつけ加えるといいですね。

そして、以後の会話は、**「鈴木さん」を主語にして話すように意識**しましょう。

改めて重要ポイントをくり返します。**相手の名前は、出会った瞬間に何度も声にして覚える。**ぜひ実行してください。

自分の名前をネタのひとつにする

Q　あなたは、自分の名前の由来を語れますか。

私は、大学で講義をする際に、まず学生たちに「名前の由来」を紙に書いてもらうようにしています。

「私の名前は、晴香です。私が生まれた日は晴れていて、晴れの日の香りがするようにと、両親がつけてくれました」

「私の名前は、響です。お父さんが好きなお酒の名前だそうです」

最近は、キラキラネームや読み方のわからない名前も多く、多くの小学校で「名前の由来」を調べる授業をやっています。

だから若い世代は、スラスラと自分の名前の由来を語ってくれる。

ご両親が好きだったマンガやアーティストの名前からつけられたものも多く、それだけで話題が広がっていきます。相手をよく知るきっかけにもなります。

このように、**自己紹介の際の話のネタとしては、「自分の名前」もかなり使えます。**

話を展開するときに、

・自分の名前について話す

↓

・相手にも聞いてみる

というやり方もあるからです。

雑談が苦手な人も、自分の名前についてだったら、自分から話すこともできますよね。

もしも、これまで自分の名前を活用してこなかった人は、自分の名前の由来を語れるようにまとめておくことをおすすめします。

ちょっとした話で大丈夫。**名前だけを言って終わるよりも、由来もつけて説明することで、あなたの名前は、より相手の印象に残るはず**です。

由来は、名づけ親に聞いてみるのも一手ですが、**名前に使われている「漢字の**

起源」を調べておくだけでもいいと思います。

たとえば、私の名前を漢字で書くと「吉昭」ですが、この「吉」という字は、お鍋の中に幸福を詰め込んで、上から蓋《ふた》をしている状態を示しているとか。

こういう話を自己紹介に入れると、「吉」という字のつく名前だったのかと、相手に印象深く伝えることができます。

名前は、雑談の突破口になる言葉。活用しない手はないです。

ポイント

「はじめまして」の人とは、名前の話題で距離を縮める。

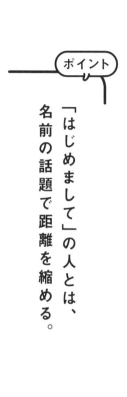

「はじめまして」の人とそつなく話すコツ

もし、「あなたは人見知りですか？」という質問をしたら、たぶんほとんどの人が「自分は人見知りです」と答えるんじゃないでしょうか。

そうなんです。人見知りは圧倒的多数派です。
私の周りも、右を見ても、左を見ても、人見知りだらけ。
中には、私から見たら上手にコミュニケーションできていそうな人でも、**「自称・人見知り」**と言っていたりします。

初対面の人との会話は、なかなかハードルが高いですよね。

「ヤバい、何も思いつかない。ちょっと逃げ出したいかも」
「こっちから話しかけたほうがいいかな、でも話しかけられたくないかな」
「共通の話題があればいいんだけど、お互いないよねぇ」

あの、気まずい空気。お互いのことをよく知らない段階での雑談は、できれば避けたいと思ってしまう行為です。

仕事で懇親会やパーティーに行くと、知らない人と隣り合わせになることがあります。

多いのがビュッフェ形式で、たまたまテーブルに集まった人と語らなければならない。強制的に、そんな状況に追い込まれてしまいます。

もちろん、ほぼ全員が「はじめまして」の状態。

お互いに、相手のことを知らない。そもそも、どこのどなたなのかすら知らないくらいの、浅〜い関係の人と話さなければいけない場合、軽いパニックに陥ってしまいますよね。

名刺交換をして、ひとしきりお互いの仕事のことなんかを話したら、ネタ切れはすぐにやってきます。

そうしたら、**地獄の沈黙タイム**……これは、なんとしても避けたい。

素性もわからない人と話す。長く私もこれが苦手で、料理を手にしてもテーブルに近づきませんでした。

「君子、危うきには近寄らず」なんて、自分を納得させながら。

あまりにつらくて、どうにかしたくて、解決策を編み出しました。「はじめましての人」とそつなく話せるコツです。

「観察＋感情」で話しはじめる

「はじめまして」の人としゃべるのがつらいのは、共通点がないからです。どんな話をしたらいいか、まるでわからない状態です。

でも、**実は、共通点はつくれるのです。**

私は、次の2つのステップで、共通点を発見しています。

1 観察 一緒にいる空間を観察して、共有できるネタを探す

2 感情 その観察についての、「自分の感想」を述べる

というものです。

ポイントは「空間」です。

たとえば、飲み会で同じテーブルについたなら、こんなふうに……

観察 隣の席で注文した焼きそば、おいしそうですよ

感情 あ〜、急にお腹減ってきたなぁ

という感じ。

そのあとに、「中華、よく来るんですか？」とか「注文、もう決めましたか？」などと、相手に質問して、相手にも口を開いてもらいます。

この方法が編み出せたのは、ある人の言葉がきっかけでした。

それを教えてくれたのは、若き政治家です。政治家は、とにかく人とよく会います。はじめましての人とも頻繁に会い、コミュニケーションを図らないといけません。だから、初対面の人に慣れていると思い、質問しました。

「どうすれば、知らない人と仲良く話すことができるのですか？」

すると、彼はこう教えてくれました。

「同じ釜の飯を食ってる感、を出すことです」

相手も自分も、今この瞬間は、同じ時間と空間を共有しています。これこそ、話のタネにしやすいですよね。

たとえば、「このレストランは内装がおしゃれですね。こういうレストランにはよく行かれますか？」とか、「このスープ、すごく味が深いですね。スープはお好きですか？」とか。

同じ時間と空間で、同じように五感を動かしていることを強調します。

そうすれば、持っている話題がなくても、観察次第でいくらでもネタが出てくるそうです。

「あぁ、話すネタがない。話が続かなくなったらどうしよう」と悩んだら、深呼吸して周囲を見回してみましょう。

五感のすべてをはたらかせて、周りを観察します。そして、今、自分がどんなことを感じているかを考える。

観察し、感情をつぶやいたあとに、相手に話をふってみる。

話題に行き詰まったら、再び観察して、次の話題を見つける。雑談はそのくり返しで成り立っていきます。


大事なのは、ライブ感です。

今、この瞬間、自分たちが何を共有していて、どう感じているか。

まずは、自分が感じたことを口に出して共有してみてください。


そこを、上手く共有して乗り越えられれば、相手と仲良くなれる。最低でも、お互いの印象がよくなることは間違いありません。

ポイント

「はじめまして」の人とは、
周りを観察して、感じたことを話題にする。

相手のポジティブポイントを発見する

雑談上手な知人が、雑談の秘けつとして、こんなことを言っていました。

「相手のいいところを3つ以上見つけると、話はうまく回り出す」

おぉー、名言！

「自分から話しかけたい。でも、とっかかりに何を言ったらいいかわからない」

そんなふうに考えているあなたにお届けしたい言葉です。

雑談が上手くできないと悩んでいる人の中には、「上手に話せなかったらどうしよう？」「相手に嫌われたらどうしよう？」という不安な気持ちが大きくなり、積極的に話しかけられない人も多いと思います。

もしかしたら、相手を不快にさせてしまうのではないか。
つまんないから、早く話を切り上げたいとか思われないか。
なんて、マイナスな思いがふつふつと湧いてきます。

また、ネット上で知り合って、スマホで会話を交わしたあとで、リアルに会う機会も増えていることで、新しい悩みも発生しているようです。

ネット上で形成されたイメージと、リアルの自分のギャップで、相手が失望したらどうしようと不安になるという話をよく聞きます。

「相手に嫌われたくない」

「相手を失望させたくない」

こういった悩みを、なぜ抱えてしまうのか。

そのひとつの原因が、**相手から自分にマイナス評価がくだされることを前提に考えてしまっているから**です。

その考えの根っこには、人間関係を「減点法」で考えてしまっていることがあるかもしれません。

自分に対しても相手に対しても、よいところよりも悪いところに目がいっていませんか。

これで人間関係をつくっていくと、つらいと思います。

相手と会えば会うほど、相手の嫌なところに目がいき、心の距離はかえって広がるばかりです。

しかし、自分ではダメダメだと思っていても、向き合っている相手は、そう思っていないかもしれません。

そもそも人は、強みだけでなく、弱みに対しても、共感や好意を抱くことも多々あります。

自分が相手を見るときも、その人と仲良くなりたい、いい関係を築きたいと思ったら、減点法では難しいですよね。

対人関係は「加点法」で見る！

出会ったときは、相手に対しては「ゼロ」の印象。そこから、どんどん相手のよいところを見つけてあげてください。

たとえば、こんなふうに。

- 「おはようございます」と言ったら答えてくれた
- 深々とお辞儀をしてくれた
- 会釈するときの笑顔が素敵！
- シャツの襟をビシッとアイロンがけしている

小さなこと、細かいことでもいいので、たくさんのポジティブポイントを見つけていき、話す相手を加点評価していきましょう。

すると、どんどんその人のことを好きになれるはずです。

相手の「魅力」に気づいて、ネタにする

では、具体的にどうやってポジティブポイントを見つければよいでしょうか。

人の魅力、それは、他の人と違っている部分に潜んでいます。

まずは、相手を「観察」することなんですが、その際、コツがあります。
それは、**相手の「特徴」と「魅力」とを、セットで観察するということです。**

たとえば、こんなふうに考えます。

（特徴）高級なボールペンを持っている　↓　**（魅力）**文具好きでこだわりの人
（特徴）大きなカバンを持っている　↓　**（魅力）**いざというときの備えがある慎重派
（特徴）薄着だ　↓　**（魅力）**体が強くて風邪をひかない
（特徴）派手なメガネをかけている　↓　**（魅力）**自己アピールが上手

「魅力」の部分は、あなたにとっての魅力なので、想像でかまいません。

話の上手い人は、相手をよく観察し、ほかの人との違いを的確に把握する力に長けています。そして、見つけた魅力を、最初のひと言に表現して話しかけているのです。

たとえば、相手が明らかに個性的なメガネをかけていた場合。

「素敵なメガネですねぇ。そういうの、どこで買うんですか？　私もそろそろ、メガネフレームを変えようと思っていて……」

と、特徴的なメガネをネタにして、質問にまでもっていく。

相手はメガネにはこだわりがあるはずですから、悪い気はしないはず。買ったお店を教えてくれるはずです。

電車やお店の中で「観察グセ」をつける

しかし、最初のうちは、メガネに気づいても、関連する質問までもっていくのは、ハードルが高いかもしれません。

まずは、「人の魅力に敏感になる」練習をしましょう。

電車に乗ったときや、お店の中で、周りの人を見て、

「この人と、ほかの人との違いはなんだろう」
「この人の、こだわりポイントはどこだろう」

と考えてみてください。

正解はありませんから、あなたの気づいたままでよいし、むしろ、想像を交えて

でかまいません。

「ほかの人に比べて薄着だな。新しい季節に敏感なんだろうな」

「グリーンの手帳、そういえばシャツもグリーン。好きな色なんだろうな」

と、あれこれ思い巡らす。

人を観察する力をつけると、人に興味を持てるようになる。

くり返し練習していけば、自然と人の個性やこだわりが見えてくるはずです。

この経験を積むと、相手が「あ、そこを突いてきてくれたんだ。うれしいな。そう、そこにこだわってるのよ」と言ってくれるポジティブポイントを、すばやく見つけることができるようになります。

人の魅力を見つけやすいポイント

最後に、人のこだわり、魅力を見つけやすいポイントを上の図にまとめました。

電車以外の場所でも役立つものです。

ぜひ、その人のポジティブポイントをたくさん見つけてください。

人の魅力に気がつけるようになれば、雑談力は一段アップします。

ポイント

ファッションや持ち物など、
相手がほかの人と違うところを見つけて、
話題にする。

覚えておきたい「鉄板リアクション」11選

雑談を盛り上げる一番簡単な方法、それが「リアクション」です。

話しているほうは、相手がいいリアクションをしてくれれば、「自分の話を、喜んで聞いてくれている」という実感が持てますよね。

テレビ番組で、タイミングよくリアクションする芸人が重宝されるのは、それが番組を盛り上げることになるからですが、雑談が盛り上がるのと同じ理由です。

それくらい、リアクションは大切な要素なんです。

でも、雑談が苦手な人の中には、リアクションするのが難しいという人も多いですよね。

- **あいづちを打つタイミングがわからない**
- **相手の話に、頷《うなず》くだけで終わってしまう**
- **「うん」とか「そうなんだ」とか、単調な返事に終始してしまう**

などなど、悩みは尽きません。

そんなあなたに、使い勝手のいい「鉄板リアクション」をお教えします。

ここで紹介するリアクション11選は、とにかく覚えておくと、とっさのときに使えるので、ぜひインプットしておいてください。

鉄板リアクション「あ行」と「す」からはじまる言葉

ちなみに、リアクションのバリエーションが少ないと、相手に「ちゃんと聞いてないんじゃないか」と思われてしまうリスクがあります。
たとえば、「なるほど」「そうですね」だけを連呼する。
相手の意見に同意したりするときに「はいはいはいはい……」と「はい」を連呼するパターンも、それに当てはまります。

では、どのようなリアクションが効果的なのでしょうか。
それが**「あ行」リアクション**と**「す」のリアクション**です。

「あ行」リアクションとは、次のものです。

1　ありがとう！
2　いいね！
3　うまいね！
4　えらい！

5　おかげさまで！

「あ行」には、人に共感する言葉、感謝や尊敬を示す言葉が集中しています。

「す」のリアクションとは、次のものです。

6　すごい！
7　すてき！
8　すき！
9　するどい！
10　すばらしい！

「す」からはじまる言葉には、初めてのものを見聞きしたときの、新鮮な驚きを好意的に伝える言葉が集まっています。

こんな感じに使ってみましょう。

- 「今日のネクタイいいですね」↓「**ありがとう！**　お気に入りなんだ」
- 「これ、新しく買った時計なんです」↓「へぇー、**いいね！**」
- 「禁煙して、やっと1カ月だよ」↓「**すごい**じゃないですか！」
- 「今日はお弁当をつくってきたんです」↓「おお、**すばらしい！**」

相手の発言に対し、「あ行」「す」のさまざまなリアクションを返す。

10の鉄板リアクションが、雑談を盛り上げてくれるはずです。

最初から全部覚える必要はないので、まず、自分が試しやすいものをいくつか試してください。

「なるほど」も言い方次第

リアクションでつい多用してしまう「なるほど」という言葉。

実は、これが、紹介する11個目のリアクション。

これは本来、目上の人が評価するときに使う言葉でした。

だから、下手に使うと、相手を小馬鹿にしている印象を与えてしまうリスクもあります。


「なるほど」を使って相手の共感を得るには、「なるほど」を感嘆詞として使うことです。

つまり、**「へぇー!」「ほぉー!」「ふーん!」**と、あなたの心が動いたときに、こう使います。

「なるほど！ そういうことだったんですね」
「なるほど！ それはいけますね」
「なるほど！ 夜は焼肉ですか」

と、**何に「なるほど」と感嘆しているかということまで、しっかりつけてリアクションする**と、より相手に気持ちが伝わります。

ただ「なるほど」だけを多用すると、適当に返事をしているように聞こえてしまうことも。

「なるほど」のあとに、**気の利いた言葉が出てこない場合は、気持ちを添えればいい**のです。

たとえば、

「なるほど！　**びっくりです**」
「なるほど！　**面白い**」
「なるほど！　**美味しそう**」

これで、立派なリアクションになります。

雑談の上手い人の多くは、「リアクション」が上手いのです。
話題を提供しているわけでもなく、人の話にリアクションで花を添えているだけなのに、それが、場のいい空気をつくっていく。そんな人、いますよね。

まずは、お試し。「あ行」「す」という鉄板リアクションから使ってみて、効果を感じてください。

ポイント

「あ行」「す」からはじまる言葉と「なるほど」＋感嘆詞でリアクションをする。

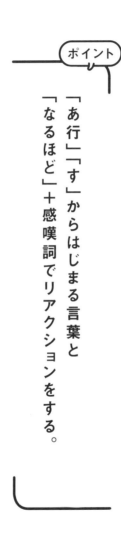

雑談は相手に「教えてもらう」こと

会話を大きく分類すると2つに分かれます。対話と雑談です。

対話は、相談すること。
雑談は、教えてもらうこと。

学生たちに、私はこう教えています。

対話は、対等な立場でお互いが意見交換しながら、共通のゴールに近づく相談をすること。

会議で売り上げを上げるための議論をすること、相手とWIN－WINの関係を構築する交渉、夫婦で子どもの教育について話し合いをすることは、対話です。

一方、雑談は、決まった目的やゴールがない会話です。**雑談で大切なことは、相手に気持ちよくなってもらい、親睦を深めること。**

だから、雑談では、相手に「教えてもらう」という態度を示すことは、極めて有効です。

人は、誰かに何かを教えることが好きな生き物です。

- 教えることで、「感謝されたい」という欲求が満たされます
- 教えることで、自分に自信が持てます
- 教えることで、頭のよさを示せます
- 教えることで、「いいことをした」という自己肯定感が高まります

人に何かを教えるって、気持ちがいい行為なんです。

だから、**相手を「教える立場」にしてあげる。**これも、雑談が上手くいく極意です。

相手が「もっと話したいこと」を見つける

相手が教えたいことを探すコツは、こんな感じです。

たとえば相手が、「このところ出張続きで、さすがにバテ気味です」と、言ったとします。

この言葉には、「疲れている」という内容のほかにもうひとつ、**「がんばっている私を認めてほしい」**という意味が含まれているかもしれません。

このとき、あなたは何を教えてほしいと伝えたら、相手は喜ぶでしょうか。

そのためには、こんな感じで聞いてみてください。


「**教えてほしいんですが、**出張続きなのに、どうしてそんなに元気なんですか。何か健康のためにやってるんですか？」

「**教えてほしいんですが、**出張先のホテルを選ぶコツってありますか？　私、いつも失敗してるんですよ」


と、「教えてほしいこと」を質問する。

このときのコツは、**「自分が聞きたいこと」ではなく、「相手がしゃべりたそうなこと」を探す**ことです。

ポイントは、次のような気持ちをくすぐること。

- **認められたい**
- **ほめられたい**
- **共感、同情されたい**

この3つのポイントを「察する力」を磨くことです。

ただし、毎回、相手の気持ちにジャストフィットする質問ができるわけではありません。ひょっとして、外れちゃうことのほうが多いかもしれません。

でも、そこでがっかりしないでください。

相手の気持ちになって考えた経験は、確実にあなたの雑談レベルを上げています。

「しまった、ちょっと当たりが外れたかも」と思うたびに、あなたの中で、チャリンチャリンと経験値が高まっているのです。経験値の貯金は、自分にとってすごい価値になるはずです。

相手の本音をうまく引き出す方法

ただ、相手の気持ちを察するときに、注意も必要です。日本人の謙遜体質が、話を見えにくくしていることがあるからです。


「めちゃくちゃがんばったから、ようやく昇進したぞ！」

「うちの息子、優秀だから東大に合格したの！」

と、本当は言いたくても、言わない人が多いですよね。

日本人は、「人に自慢しているように思われたくない」という気持ちの強い人が多い。だから、「ここが認められたい！」「ここをほめてほしい」という話が表に見えにくい傾向があります。

そんなときは、とにかく話をよく聞いてください。

そうすると、「大変だ」「苦労している」と、困っているような表現の裏には、ヒントが隠されていることに気づくはずです。

こうした言い回しが出てきたら、「ここがほめてほしい、認めてほしいポイント！」と推測してください。

もうひとつ例をあげます。

「朝、子どものお弁当をつくるのが大変。うちの子、好き嫌いが多いから」

これも、よく聞く話です。

さて、ここから「教えてほしいこと」を探してみましょう。

まず、相手の言葉の裏にある気持ちを読み取ります。

「朝、子どものお弁当をつくるのが**大変**」と言っているので、ここから「毎朝、起きて必ずお弁当をつくっている私」を

認めてほしいという、本音が見えます。

もうひとつ。好き嫌いの多い子どものために、献立を工夫しているところを**ほめられたい**という気持ちもあるのではないでしょうか。

そこで、こう質問します。

「ぜひ、毎朝ちゃんと起きられるコツを**教えてください**」

「毎日の献立をどうやって思いつくのか、**教えてください**」

どうでしょうか。相手が「よくぞ、聞いてくれました」と、心で思っているイメージが見えてくるんじゃないでしょうか。

雑談は、相手にしゃべってもらうのが鉄則。

自分が興味のあることで会話を組み立てても、相手の興味関心とずれていれば、会話は続きません。

でも、相手の話したそうなことに対して、「教えてほしい」という態度を示せば、相手は「待ってました！」とばかりに話してくれるはずです。

それで、いいのです。

雑談は、目の前の相手がマイクを握り続けて、いい気持ちになることなのですから。

ポイント

相手が話したいことを、「教えてほしい」という態度で質問する。

「口下手」を魅力化するコツ

雑談が苦手な人の中には、口数が少ない人もいると思います。
ちなみに、「口数が少ない」という言葉に、どんなイメージがありますか。

「あなたは、口数が少ないですね」
「あの人は、口数が少ない」

どんなトーンで言うかにもよりますが、いずれの例にしても、受け取り手としては、どちらかというとマイナスの印象がありませんか。
とりわけ、雑談が苦手だという「自覚」のあるあなたは、

「はっ！　なんか否定されてるかも」

と、ドキッとしたりしたのではないでしょうか。

インターネットで、誰もが自分の意見を主張できる時代。周りは巧みな話術や交渉力を持っているような人ばかりに見えるかもしれません。それに比べて、口数が少ない自分は、性格が暗く見られるのではとか、仕事ができないようにも思われるのではとか、不安な気持ちもあるかもしれません。

でも、本当にそうでしょうか。

確かに、ネットには、言葉巧みな人がたくさん存在しています。自分がいかにスゴイか、どう成功したか、なんてアピールをしています。

しかし、40年近く広告会社で働き、さまざまな職種の人にコミュニケーション力をつける方法を教えている**私には、「口数が少ないこと」が不利とは一概に思えない**のです。

だって、

口数が少ない＝言葉が深く、重い

というイメージもあるからです。

物事は、視点を変えれば、見え方はガラリと変わります。

たとえば、私の知るかぎり、経営者は、社会的に評価が高い人になればなるほど、口数が少なくなる傾向にあります。その分、彼らの言葉には重みが出てきます。

ある企業のトップに、口数の少ない人がいました。

失礼とは知りつつ、「口数が少なくて、悩んだことはないですか？」と聞いてみました。すると、苦笑いしながらこう答えてくれました。

「痛いところをつくねぇ。実はずっと悩んできたよ。今でも悩んでいる。しかし、これはもう性格だから、変えようがない。そこで、口下手を逆に利用して、発言に深みや重さが出るように、意識してきたんだよ」

彼曰く、**「口数が少ない人」の魅力は、「思慮深く見えること」と「ミステリアスに見えること」**だと言うのです。

これを最大限に使って、自分のひと言に重みがあるように見せる努力をしたそうです。

たしかに、「彼はミステリアスだ」とか言われると、なんだかよいことのように感じますね。

どうですか、口数が少ないことは、マイナスではないことがわかってもらえたんじゃないでしょうか。

では、せっかくのこの武器をさらに磨くコツを紹介します。**口数が少ないことで「思慮深い人」に見せる方法です。**

簡単な方法なので、ぜひ身につけてください。

口下手を「思慮深い人」に見せるコツ

二代目桂枝雀という落語家が、「笑いは、緊張の緩和から生まれる」と言っています。

前にあげた経営者は、これを応用したらしいです。

たとえば、

人から意見を求められたとき、発言する前に、少し難しい顔をする。

これが、思慮深く見せる効果があります。

そして、緊張から一気に緩和して、「その意見、いいですね」と言う。

相手は、彼の難しそうな顔を見て、「あれ、自分の意見とは反対なのかな?」とちょっと心配する。

そのあとに、同意の言葉を聞くと、「あぁ、深く考えたうえで賛同してくれたんだな」と思う、というカラクリです。

「ペラペラしゃべれない人は、ひと言に間をおいて重みをつけることで、人に

聞いてもらえるようになる」とは、彼の言葉です。

この話を聞いて、「あぁ、不良がモテる法則と同じだな」と思いました。

ふだん優しい人が、優しくふるまうのは普通ですが、不良っぽい人が、ときに優しくふるまうと、好感度が一気に上がることがあります。マンガやドラマなどにも、そんなシーンがよく出てきます。

これは、**ギャップをつくることがポイントです。**

この経営者にも、つくられたギャップがありました。

たとえば、一緒に食事に行ったとき。彼は難しい顔をしてモグモグ黙って食べています。

そのあとに、顔を弛緩させ笑顔になって、「この肉、ものすごくうまいね」と言う。すると、**なんでもないひと言なのに、なぜかいいことを言ったように聞こえるんです。**

緊張からの弛緩をうまく利用して、言葉に実感を込めているわけです。

このコツならば、使えそうじゃないでしょうか。

もし難しい顔をすることに抵抗があるなら、こんなやり方があります。

話をふられたら、難しい顔をしなくとも、ちょっと考える時間をとってから、そのときの自分の気持ちを伝えてみる。

「おいしい」「面白い」「いいね！」のような、簡単なひと言でもいいのです。

何かすぐに話さなくちゃ！　という思い込みを捨てて、少しだけ、自分の脳みそに、相手に気持ちを伝える言葉を考える時間をつくってあげるのです。

話し相手も、無言でいられることが怖いのです。

その手前であなたの気持ちが聞ければ、それだけで場の雰囲気はなごむでしょう。間が空くのを恐れないことは大切です。

相手の話をまずは一生懸命聞く。そして、間を恐れてすぐに返事や回答をしない。つたない言葉でもいいので、ぜひちゃんと考えてから言葉にしてみてください。

間をつくってしまうことは気まずい、と思ってしまうかもしれませんが、**気持ちが焦って、ちゃんとした回答や返事ができなくなることのほうが問題です。**

雑談が苦手なあなたが目指すのは、**「思慮深く、寡黙な人」**です。考え抜いた発言をくれる「誠実な人」です。

口数の少なさを、言葉の重みという価値に置き換えていきましょう。ちょっと見せ方を変えれば、相手にとって、あなたは「口数が少ない人」から「思慮深い人」になることだってできるのです。

ちなみに、「話す前に少し難しい顔をする」の多用は、注意が必要です。あまりにも多用すると、芝居じみて「感じが悪い人」になってしまうからです。そこは気をつけてくださいね。

寡黙で思慮深い人のひと言は、「私のためにいろいろ考えてくれたんだ」という好感を生みます。当意即妙に返答するより、誠実さも伝わります。

ポイント

口下手を無理に直さず、
ひと言に重みがあるように見せる。

「え～」「あの～」というクセをなくす方法

話す前に「え～」「あ～」「あの～」と言ってしまう。

もし、あなたにこのクセがあるなら、すぐにそのクセをなくす方法があります。

ちなみに、「え～」「あ～」「あの～」と言ってしまうクセは、自分では気づいてないケースもあるようです。

「自覚はなかったけれど、自分がしゃべっている音声を聞いたら、いつも『え～』と言ってから話していた。聞き苦しくて、人前で話すのが嫌になりました」

そういう話もよく聞きます。

自分の話し方を聞いて、思わぬクセを見つけて落ち込んでしまう人もいるようです。

「え～」や「あの～」という前置き語のことを「フィラー」と呼びます。

「フィラー」とは、詰めもの、埋め草、つなぎという意味です。

つまり、次の言葉がすぐに出てこないので、そのつなぎとして声を発してしまうのです。

政治家やスポーツ選手のように、人前で話す機会が多い人でも、フィラーがクセになっている人がいます。

特に、**人から質問を受けて、すぐに答えられないときに「え～」と言ってしまう**のが見受けられます。

ただ、最初に言っておきますが、本人の気持ちはともかく、**雑談では「え～」「あ**

の〜」「その〜」「えっと〜」など、フィラーをつけてもまったく問題ないと思います。雑談には決まった型がない。それが雑談のいいところですから。

ただ、ひとつだけ、気にしたほうがいいことがあります。

それは、「え〜」とか「あの〜」を連呼してしまうと、**自信がなさそうに聞こえてしまう**ことです。

ですので、たとえ「え〜」「あの〜」がクセになっていても、自分は楽しく、堂々と話ができているという人は、気にせず、フィラーを使えばいいと思います。

一方、自分に自信がない人は、フィラーをなくしてもいいのではないでしょうか。

何より、改善方法が簡単なので。

ちなみに、フィラーをなくして、話し方に自信がついたという人も多数います。

「え〜」「あの〜」が多い人の顔の特徴

フィラーが多い人は、なんと、顔に特徴があります。

話す前に、口を開けているのです。

「この人、『え〜』と、よく言うなぁ」と思う人を見かけたら、口元を見てください。

話す前に、口が開いていることが多いはずです。

相手に対して、

「何か答えなければいけない」

「間をつくってはいけない」

という思いが先走り、思わず口をぽかんと開けてしまうのです。

まだ言葉が練れてないうちに、何かを発言しようとするから、つなぎ言葉として「え〜」「あの〜」が、開いた口から漏れてしまう。

無意識でやっているので、自分では気づきにくいものなのです。

自分はどうかは、動画を録ってチェックしてみてください。誰かとの会話を録画してみる。まずは自分の状態をチェックです。

吐く息の上に乗せるのは「言葉」

お待たせしました、フィラーが出ないようにするための脱フィラーの方法を3つご紹介します。

脱フィラーの方法

①話す前に口を閉じる
②話す前に息を吸う
③話す前に唾を飲み込む

いずれも口から息と声が漏れるのを防ぐ方法です。

①と②は、軽症の場合の対策。日頃から声を発する前に口を閉じることを意識してください。

③は、私が小学生の話し方教室で教えている方法ですが、大人でも有効です。

唾を飲むことによって、話に間が生まれ、ゆっくり話す力が身につきます。

自分に合った方法を試してください。
フィラーがなくなれば、あなたの話は格段と明瞭になります。
同時に、話すことに少しずつ自信を持てると思います。

ポイント

「え〜」「あの〜」が出ないよう、口を閉じる、息を吸う、唾を飲み込むのいずれかをしてから話しはじめる。

「会話のトスを上げ続ける人」になる

「この人と話をしていると、なんだか楽しい」という人がいます。

話をしていると楽しい人って、どういう人でしょうか。

- **面白い話を、たくさんしてくれる人。**
- **テンションが高く、盛り上げ上手な人。**

確かにそういう人も、会話が楽しい人ですよね。

もうひとつ、こういうタイプの人も会話の楽しい人です。

それは、**「会話のトスを上げ続ける人」**。

一緒にいると会話が弾むのだけど、よくよく考えてみると、相手は「会話のトス」を上げてくれているだけで、つい自分がおしゃべりになって話してしまう。こういうタイプの人です。

話すのが苦手ならば、会話のトス＝相手に聞く、質問することで雑談に加わればいいわけです。

では、具体的に相手に質問を続ける方法を紹介します。

まず、気をつけたいのは、

答えがYES・NOで終わってしまう質問は、すぐに会話が終了してしまう可能性があるので、避けたいところです。

「もう、お昼食べましたか？」

「あなたの嫌いなものはキュウリですか？」

「明日って、水曜日でしたっけ？」


という質問に対しての答えは、「はい」「いいえ」だけで終わってしまいます。


それを防ぐために、**質問するときには、英語の「5W1H」を使います。**

5W1Hとは「When、Where、Who、What、Why、How」のことです。


この「5W1Hを活用しましょう」ということはよく言われます。

ただし、いざ質問をするときに、5W1Hがいまいちパッと思い出せないという話をよく聞きます。

英語だとイメージしにくいのかもしれません。そこで私は、こう覚えてください
とすすめています。

- ・When（いつ）　↓「時間の質問」
- ・Where（どこで）　↓「場所の質問」
- ・Who（誰と・どんな人と）　↓「人の質問」
- ・What（何を）　↓「モノの質問」
- ・Why（なぜ）　↓「理由の質問」
- ・How（どのように）　↓「手段の質問」

時間、場所、人、モノ、理由、手段

そう覚えておくのです。

使い方は、こんな感じです。

「私は、前職で営業をしていました」と相手が話したら、

- 「**いつまで**（その仕事を）されてたのですか？」（時間の質問）
- 「**どこで**（その仕事を）されてたのですか？」（場所の質問）
- 「**どんな人と**一緒に仕事をされていましたか？」（人の質問）
- 「営業で、**何を**売ってたのですか？」（モノの質問）
- 「**なぜ**、今の仕事に変わられたのですか？」（理由の質問）
- 「**どのようにして**、今の仕事に変わられたのですか？」（手段の質問）

というように、「6つの切り口」から質問をつくることができます。

質問をゼロから考えるのではなく、まず「6つの切り口」に当てはめて質問する。

相手が、質問に答えるように話してくれたら、その内容から、また「6つの切り口」を考える。

これであなたは、会話のトスを相手に出し続けることができます。

たとえば、先ほどの「前職が営業」という話の続きであれば、こんな感じです。

相手「私は、前職で営業をしていました」

あなた「**なぜ**、今の仕事に変わられたのですか?」(理由の質問)

相手「今の仕事をやりたいと思っていたからです」

あなた「それは、**いつから**そう思ってたんですか?」(時間の質問)

相手　「10年ほど前からです」

あなた　「今は、**どんな人**と一緒に仕事をしているんですか?」（人の質問）

のように、質問を続けていくことができます。

会話のトスを上手く上げる方法が、もうひとつあります。

それは、「自分の話の最後に、必ず質問をつける」という方法です。

たとえば、こんな感じに。

例（昨日のサッカーの試合の話をふられる）

↓「テレビで見ました。私は大興奮でしたが、**●●さんはいかがでした?**」

例（リモート会議について意見を求められる）

↓「リモート会議のほうが個人的にはうれしいのですが、**みなさんはどうお考えですか？**」

自分の話の最後に質問を入れ、会話を回していくイメージです。

会話のトス役に徹すると、特に自分から話さなくても、口下手に見えません。**それどころか、話を回しているように見えます。**

ぜひ、質問を上手く使って、相手の話を盛り上げる技を身につけてください。

経営学者、コンサルタントのピーター・ドラッカーは、こう言っています。

「コンサルタントとしての私の最大の長所は、無知になり、いくつかの質問をすることである」

雑談も同じ。無知になって、相手にどんどん質問する。
そうすれば、相手にも喜んでもらえるはずです。

ポイント

「時間、場所、人、モノ、理由、手段」で質問をして、相手に気持ちよく話してもらう。

話が合わないと思った人とどう接するか

「あぁ、この人とは合わない」
「私とは反対の考え方だな」

話をしているときに、そんなことを思うことがありませんか。
たとえば、こんなとき。

「探偵ものといえば、コナンだよな！　劇場版を見て、泣いちゃったよ。金田一とか、ホームズとか、いろいろあるけどさ、やっぱりコナンが一番だよ」

もしも、あなたが、名探偵ホームズシリーズをこよなく愛していたとしたら、どうしますか。

「そんなことはない！　私はホームズが好き。コナンよりホームズでしょ！」

こんな気持ちを抱くかもしれません。

でも、そのことを相手に言っても、険悪な雰囲気をつくるだけですよね。

相手の意見と真っ向からぶつかるようなことは、あまりおすすめしません。

こういう場合、できるだけ早く、違う話題にそらしてしまうのも手ですが、これはけっこう高等テクニックです。

では、「話が合わない」と思ってしまった相手には、どのような反応をすればいいいのでしょうか。

私がおすすめしたいのは、**「とりあえず共感」**です。

相手と話が合わないと思ったら、とりあえずの「共感」を示すのです。

ここでいう共感とは、相手の意見に賛同することではなく、相手の意見を受け止めたという、**サインとしての共感**です。

無理に相手の意見に賛同する必要もないですが、その場で反論する必要もありません。

いろいろな環境で育った人が、いろいろな意見を持ったまま、一時のおしゃべりを楽しむ。それが雑談です。

意見が違った場合、相手の意見を尊重したうえで、自分の意見を添えることはあってもいいと思います。

ただ、意見を戦わせるのが雑談の目的ではないと思うんです。

なので、まずは、**「この人はこういう意見を持っているんだな」**と冷静に受け取って、あとは**「あなたの意見は理解しました」**という共感を示せばいいのです。

受け止めて、共感する。

ぜひ、覚えておいてください。

相手と反対の意見を持っているのに、いくら受け止めるという意味といっても、共感を示すのは難しいと思う人もいるかもしれません。

ただ、多様な意見があるのは当たり前のことですし、違う意見に対して感情だけで反発してしまうのはもったいないと思います。

ここで、共感をうまく示すテクニックを紹介します。

語尾を伸ばして共感を示す

作家の石田衣良《いら》さんは、「大人の放課後ラジオ」というYouTubeチャンネルを持っています。

本のこと、人生のことなどについて、仲間と3人で語り合うのですが、その口調がとてもやさしい。

芯があり、厳しい口調で反論することもあるのですが、それを感じさせない共感力があるのです。

秘密は、石田さんの話し方、特に、語尾にあると私は思います。

「そうだねぇ〜」「いいよねぇ〜」「困っちゃうよねぇ〜」と、相手の言葉に共感して、語尾を少し長くして語っているのです。

これが、相手に寄り添っているように聞こえるのです。

この方法は、雑談でも使えると思いました。

ただ、この話し方は、石田さんだからこそできる部分もあると思います。いきなり同じようには話せないかもしれません。

そういうときは、**「そうですねぇ」「いい感じですねぇ」「困りますねぇ」と、ていねいな言葉を使いましょう。**語尾を「ねぇ〜」と伸ばしきるのではなく、小さい「ぇ」でとどめておくのです。

語尾に親しみを込めるだけで、簡単に共感を示すことができます。

たとえ、相手と意見が合わなくても、「そうですねぇ」と答えていれば、共感を表現できます。

自分の本当の意見は、もっと仲良くなってから言い合えばいいのです。

「わかります」と返答する

とはいえ、語尾を伸ばす方法では「なれなれしく思われないか」と心配な人もいるかもしれません。

では、もうひとつ、「共感」を込めた返答ができる方法を教えますね。それは、

「わかります」

という言葉を使うこと。

相手の発言に対して、「(あなたのお気持ちは)わかります」という気持ちで返事をする。どうですか、これならできそうでしょう。

人は、話しながら「私の言っていることが、相手に通じているだろうか」と、常に心配しています。

それゆえに、「わかります」という返事は、この話し手の心配をきれいに解決してくれる、便利な言葉なのです。

ただ、多用しすぎは注意しましょう。あまりにくり返すと、「ほんとに聞いてくれてるの?」と思われかねません。

共感と思いやりは、人が人に与えられる最高のプレゼント。
相手と、より仲良くなるために、まずは「共感」を示すことから、はじめてみませんか。

ポイント

話が合わなくても、
語尾伸ばしと「わかります」で、
相手への共感を示す。

第5章

雑談力を一生もののスキルに育てるコツ

1～4章までは、即効性の高い雑談の考え方、
テクニックを紹介してきました。

最後に、あなたの雑談力を、どこに行っても通用する、
一生ものの技術に育て上げる方法をお伝えします。

雑談の道は一日で成らず。

続けた人にだけ、見える景色があります。

一歩一歩、楽しみながら雑談力を育ててください。

ダメな自己紹介、いい自己紹介

こんな自己紹介していませんか。

「小幡物産デジタルマーケティング局の山下弓でございます。現在は、マーケティング部で、食品企業様を対象に、さらなるＤＸ化、特にＣｈａｔＧＰＴの活用について研究しております」

商談ならば、ギリギリこれでいいのかもしれません。

でも、もっといい自己紹介の方法があります。

ちなみに、プライベートの場では、この自己紹介はＮＧです。

雑談でこういう自己紹介をしてしまっている人は、もったいないと思います。

雑談では、あなたの肩書きではなく、人となりや、**「最新のあなた情報」を凝縮したもの**が自己紹介であるべきです。

自己紹介は、新しく出会った人とするものです。

久々に会った人とは、2度目の自己紹介をするかもしれません。

フォーマットに当てはめたような、ありきたりな自己紹介をしてしまうと、最低1回は損をしていることになります。

だって、前述のような自己紹介をしても、印象に残らないですから。

でも、いざ自分の肩書を外すと、自己紹介できない人がけっこういます。

自分は、どこの誰なのか、どんな人間なのか、意外にうまく説明できる要素が思い浮かばないのです。

そんなときに、とっておきの方法があります。

それが、**「○○しばり」で自己紹介を考えるというやり方です。**

これは、私が会社員時代に見出した方法です。

この方法は、私が広告会社に入社した際、イヤというほど自己紹介をさせられた経験から生まれました。

自己紹介は頻繁にあり、毎回新しい内容を要求されるのです（遠い目）。

そのたびに、「趣味」「座右の銘」「学生時代の活動」と語っていくと、すぐにネタがつきてしまいました。

あるとき、先輩に、「なぜ、自己紹介ばかりさせるのですか?」と尋ねたところ、こんな答えが返ってきました。

「うちは、広告会社だ。**まず『自分』という商品を魅力的に伝えられなくて、得意先の商品を売ることができると思うか?**」

言われてから、ハッとしました。

「自分が商品」という発想が、私にはありませんでした。

こうした環境の中で編み出した方法が、**「○○しばり」で自己紹介する**というものです。

「数字しばり」の自己紹介

やり方は簡単です。

たとえば、**「数字しばり」**。

「私は**次**男坊で、**5**つ上の兄がいます。父が転勤族だったもので、小学校は**3**回転校しました。変わるたびに友だちが**ゼロ**になり、悲しい思いをしたものです」

といった具合に、数字に特徴がある話を中心に、なるべくたくさんの数字を入れて語っていく。

「色しばり」ならば、色についで話せそうなことをトピックにします。
こんな感じに。

「**ピンク**が、私のラッキーカラーです。モチベを上げるために、必ず毎日**ピンク**のものを身につけています。入社のときから使っているこのボールペンも、もちろん**ピンク**です」

そのほか、おすすめのしばりは、「料理しばり」「スポーツしばり」「歌しばり」「お金しばり」などがあります。

ちょっとした暇つぶし、遊びのつもりで「〇〇しばり」に挑戦してみてください。

いろいろな「しばり」を加えて自己紹介を考えていくと、**今までの発想にはない**

自分を表現する言葉が見つかります。

上達すれば、とっさに自己紹介を求められたときも、その場に適した形で自己紹介できるようになっていくでしょう。

人は、意外に自分のことをハッキリと説明できないものです。

わかった気になっていますが、言葉にして表現しようとすると、うまく自分を説明できない。

でも、「しばり」を入れて、焦点を当てる部分を変えれば、いくらでも新しい自分が発見できるのです。

「しばり」を入れて自己紹介しましょう。

これによって、あなたは的確に、自分のことを相手に印象づけられるはずです。

最後にひとつアドバイスを。

誰しも、興味や関心事は移ろいゆくので、自己紹介は常にアップデートしてください。あなたという人物を、アピールする最初の機会を大事に生かしましょう！

ポイント

「〇〇しばり」で、自分らしい自己紹介をする。

「言葉貯金」をしよう

以前、ある人から、こんな話を聞いたことがあります。

「自分は話すのが苦手だったので、それを克服するために、言葉の収集をはじめた。この表現は響いてくるとか、これは上手いことを言っているなと思った言葉を集めて、メモしておくんです。それをしだして言葉のストックができてくると、話のタネが生まれたり、うまい言い方を学べるので、だんだんと苦手だった人との雑談が変化していったんです。**『言葉貯金』**、おすすめです！」

言葉をストックしていくことを、「言葉貯金」というそうです。

私も長年、話し方に自信がなかったので、言葉貯金を増やしてきました。

学生時代は、知らない言葉を、大きめの単語カードのようなものに書いて覚えた時期もありました。

そのうち、あまりに膨大な量になり、整理が難しくなったので、英単語帳に変わりました。

次に、単語だけではなく、気に入ったフレーズや格言なども書き込みたいと思い、専用のノートをつくって書き込んだりもしました。


でも、このやり方は途中で破綻してしまったんです。

毎回ノートに書くのは、だんだん面倒になりました。

また、パッと見たいときにノートを持っていないこともあり、必要なときにないということもありました。

なので、**今はスマホのメモアプリで言葉貯金をしています。**

メモアプリに集めるべき3種の言葉

私が使っているメモアプリは、日記用に開発されたアプリなので、日付表示が大変見やすくなっています。

ここに、**覚えたい単語、誰かと話しているときに気になった言葉、気に入った名言、短いエピソード**などを、どんどん書き込んでいきます。

メモアプリはいろいろありますので、あなたに合ったものを探してみてください。

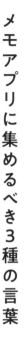

もし、どんなことを書いたらいいかわからない場合は、次の3つから書くようにしてください。

①ちょっと「いいな」と思った言葉
②「使ってみたいな」と感じた言葉
③「うまいこというなぁ」と感心した言葉

カテゴリーなどで細かく分けるとあとで面倒になるので、時間ごとに、言葉のメモをしていけばいいと思います。

その語彙《ごい》やフレーズに出会った時間で分けると、「あぁ、あの暑い日に出会った言葉だな」なんて、記憶にも残りやすいのです。

言葉貯金は、**「1日3つ、カテゴリーにこだわらず、新しい語彙を書き込む」**

ことを、当初の目標にしてはどうでしょうか。

言葉を収集しようとすると、「カラーバス効果」といって、自分の意識しているものにどんどん目がいくようになります。これは脳の特性です。

昨日まで気にならなかったことが、今流行っていると知ると、急にあちこちで目に飛び込んできたりします。

このカラーバス効果をうまく活用し、どんどん言葉の貯金をしていってください。

そして、できるだけ頻繁に、自分で書き込んだ言葉を読み直すようにしてください。

この、見返す作業が大切なのです。

情報がストックされてくると、自分がどんなことに興味を持っているのか、どんな言葉に心を動かされやすいのか、そういうことが見えてきます。

それは、将来あなたが雑談で使うかもしれない話のタネとなります。

言葉貯金は、はじめてすぐに雑談力がアップするわけではありません。

でも、続けていくと効果が出てきます。

まずは、あなたの言葉貯金を増やしていってください。

言葉のキャッチ力を強化する

言葉貯金が増えてくると、言葉を集めるのがどんどん楽しくなってくるはずです。

興味のおもむくまま、言葉をストックしていって構わないのですが、ここではより効率的に言葉貯金を増やしていくコツを紹介します。

おすすめは、**できるだけふだん自分が接しない世代、地域、仕事のジャンルの言葉に接すること**です。

たとえば、私はこんなふうにしています。

ファッション系のＹｏｕＴｕｂｅを見ていたら、**「抜け感」「キレイ系」と「こなれ感」**という言葉が頻繁に出てきました。

すかさず、「抜け感」「キレイ系」「こなれ感」をスマホにメモしました。

お坊さんの説法を聞いていたら、話の最後に「お味わいください」と言っていた。**「そうか、話はわかるよりも味わうことなのか」**と気がつき、「味わう」という言葉をいろいろ使ってみようと考える。

人は、意識しないと「自分の好きなこと」「居心地のいい空間」の中だけで過ごすようになってしまいます。

すると脳は、「好きそうな話題」ばかりに意識がいくようになります。

自分に心地よいジャンルの言葉にどっぷり浸かっているだけでは、言葉の幅が広がりません。

いろいろな相手と雑談ができるよう、意識して、**自分の心地よいゾーンからはみ出た言葉をストックしていってください。**

そのためには、ふだんは見ないようなテレビ番組を見てみたり、ふだんはスキップボタンで飛ばしてしまう動画CMを見てみたり、**「いつもはしないこと」にもチャレンジしてみると、新しく出会う言葉がたくさんある**ことに気づきます。

「あれ？　この意味知らないぞ」

「この言葉って、そういう使い方をするんだ」

「こんな単語を使って表現するんだな」


こうした気持ちが生まれると、あなたの言葉の幅はどんどん広がっていくはずです。

ポイント

気になった言葉は、ジャンル問わず、メモアプリに記入。

さらに、自分がふだん接しない環境に身を置いて、新しい言葉を見つけてみる。

できるだけ「自分らしい言葉」を使う

ハッとする言葉に出会うことがあります。

先日、ある人と話をしていたときに、彼女が発した言葉もそうでした。

「笑顔とは、あふれ出た『イイね』の気持ち」

おー、名言！　心に響いたので、さっそくメモさせてもらいました。

ちなみに、同じようなことを表現しようとして、こう言っていたらどうでしょうか。

「笑顔とは、にこにこと笑った顔です」

こちらだと、心に響いてきません。そりゃそうだよね、という感じでしょうか。

この2つの言葉、違いはどこにあるのでしょうか。

・「笑顔とは、あふれ出た『イイね』の気持ち」
↓**「笑顔」の意味を、自分らしい言葉（個性的な表現）に置き換えている**

・「笑顔とは、にこにこと笑った顔です」
↓**ただ笑顔の意味を説明している**

単に、意味を説明したり解説したりするよりも、自分らしい表現で伝えたほうが、より相手の心に伝わりやすいということです。

では、「自分らしい言葉」って、どういうものかを考えてみたいと思います。

以前、私が入院していたときのことです。同室の患者さんと看護師とが話していました。

その患者さんは、手術から数日が過ぎていて、だいぶ体調も回復してきたのか、会話でも時折、笑い声も混じるようになっていました。

そのとき、看護師さんが、患者さんにこう言ったんです。

「いいですね。元気っていうのは、笑えることだから」

横で会話を聞いていた私にも、ビビッと刺さった言葉でした。もちろん、すぐメモしました。

この言葉は、きっと看護師さんの経験から出てきた言葉です。「元気」と「笑う」とは、正確にはイコールの言葉ではないですが、こう表現することで、とても伝わる言葉になりました。看護師さんの気持ちがよく表れています。

では、こんな自分らしい言葉を、どうやって生み出せばいいでしょうか。

ひとつコツがありますので、紹介します。

それは**あるテーマを「言葉のマグネット」にして、自分の思いや言葉を集めるという方法です。**

「言葉のマグネット」をつくる

谷川俊太郎さんの詩に「生きる」という作品があります。

「生きているということ」

からはじまり、谷川俊太郎さんが『生きる』とは、どういうことなんだろう？」と思ったことが、たくさん書かれている詩です。

私は、これにならって、大学で教えている学生たちに、「あなたにとって、『生きる』とはどういうことか」を書いてもらいました。

生きること、今生きているということ

髪をむすぶこと
誕生日がくること
推しがいること
誰かと笑いあえること
知らないものに出会うこと
自分の機嫌を自分でとること
写真が増え続けること
「会いたい」と思うこと

日常に戻るということ

などなど、たくさんの「生きる」ことへの解釈が出てきました。辞書の意味とは、どれも違います。

しかし、「生きる」という言葉をマグネットにして、そこに吸い寄せられる思い、浮かんでくる情景、経験、考えなどの言葉の群れが、ほかの人には語ることのできない「あなたの言葉」になるわけです。

どうでしょうか？　これならば簡単にできそうじゃないでしょうか。難しく考えなくてもいいです。思いつくままに、言葉を書き出せばいいのです。

たとえば、こんなタイトルならばどうでしょうか。

今、私の目の前にある「モノ」

使い慣れたシャープペンシル

まだ湯気の出ているコーヒーカップ

JAZZが流れているということ

エアコンの音がうるさいということ

思いつくままに書いているだけです。しかし、**選んだものに、私だけのオリジナリティが出ています。**

こうして、ひとつのテーマに対し、自分の思いを集めることをやっていると、会話の際にこんな言葉がふっと出てくるようになります。

「なんだか、つらいよなぁ。生きていくのが嫌になるよ」

と言う相手に対して、

「そうだなぁ。でも、**生きるってさ、完璧にはなれないってこと**だと思うよ」

なんて言えるようになる。

もしくは、

「**『推し』がいることこそ、生きることだよ。**あなたには推しがいるんだからそれが支えになるはず」

なんてことも言えるかもしれません。

ほかにも、たとえば「仕事」を言葉のマグネットにして思いや言葉を集めておく。

言葉のマグネット

仕事をすること、今仕事をすること

やるか、やらないか決めること

今、パソコンを開くこと

SNSをやめること

第一印象をよくすること

変化し続けること

「生活」と同じ意味

これも、学生に書いてもらったものです。こういう言葉をストックしておけば、仕事相手との雑談の中で、

「仕事ってのは、終わりを決めることだよな」

なんて、ふっとつぶやけるようになる。

もちろん、「名言」になってなくてもOKです。すぐに素敵な言葉を思いつくことは簡単じゃありません。まずは、自分の心の声に正直になることです。

また、もし名言をつくりたいというときは、世の中にすでにある名言を参考にするのがいいと思います。

「世の既成概念を破るというのが、真の仕事である」(坂本龍馬)

こうした名言を検索し、あなたの「言葉のマグネット」にストックしておいてください。

ゲーム感覚でよいのです。楽しみながら、自分の雑談力を上げる言葉を増やしていきましょう。

大切なのは、ふだんから「自分の心の中にあるもの」を、できるだけ言語化し、そうした言葉を意識してストックしておくこと。

そして、それを習慣化すること。

これを続けていけば、必ず、それを使うときがやってきます。

ポイント

ひとつの言葉に、自分の経験や思いを吸い寄せる「言葉のマグネット」をつくって、自分らしい言葉を増やしていく。

「自分エピソード」をつくっておく

雑談で、相手の印象に残りやすい話には、2つのパターンがあります。

これは私がこれまで多くの人と雑談をする中で見つけた分類なんですが、たいていの印象深い話は、この2つのどちらかに入ります。

ひとつは、「面白い話」。

思い切り笑わせてくれて、聞き終わったあとに「ああ、楽しかった!」という印象を残してくれる。みなさんも、そういう話を聞いたことがあるんじゃないでしょうか。

ただし、これはかなりの上級テクニックが必要な方法なので、ここでは触れないでおきます。

もうひとつの方法は、ハードルが低く、再現性のある話です。

それは、**「いい話」**です。

こちらは、コツさえつかめば、雑談が苦手な人でもできます。

「いい話」をするためにはどんなテーマを設定したらいいか。私が考える、いい話につながるエピソードベスト3を発表します！

「いい話」につながるエピソードベスト3

1位　その人の人となりがわかる「生い立ちエピソード」
2位　大変な経験からの学びがある「失敗談エピソード」
3位　その人の人生の岐路となった「マジ話エピソード」

人の気持ちが動くのは、ドラマを感じるストーリーがあるときです。

ドラマといっても、テレビの中で俳優たちが演じているフィクションではありません。あなた自身の体験談です。そこに、ドラマ（劇的な出来事）を発見するのです。

でも、そういう「いい話」ができるようになるためには、ちょっとひと手間必要です。

おすすめは、今の自分を形づくったエピソードのメモをあらかじめつくっておくこと。

その方法を紹介します。

「エピソード自分史」をつくる

「まずは、自分史を語れるようになろう」

これは私が、就活を迎えた学生に必ず言う話です。20歳の学生なら、20年分の自分史。あなたがもし33歳ならば、33年分の自分史をつくります。

自分史をつくる方法でおすすめなのが、**「エピソードメモ」**です。

また、メモです。でも、大事なのでやってみてください。メモは、何かをインプットするときに欠かせない要素ですよね。

具体的に書き方を紹介します。

「エピソードメモ」の書き方

（1）A5判のノートの見開きを、ひとつの単位と考えてつくります（ほかのサイズのノートでも大丈夫ですが、私はA5判がおすすめです）。

はじめに、左ページの上に、0歳と書きます。

右ページの上には、あなたの生まれた年号を書きましょう。

たとえば、西暦1990年なら、左ページに0歳、右ページに1990年と書きます。

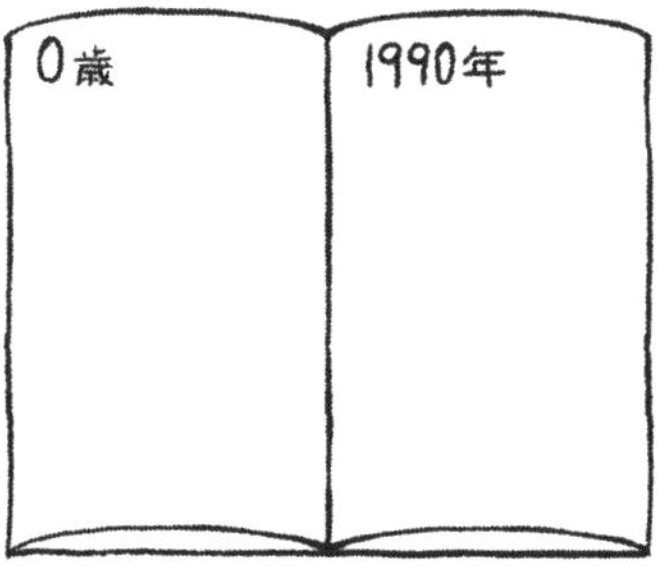

（2）次に、年号を書いた右ページに、その年にあった世の中の出来事を書いていきます。

主な出来事は、スマホで年号を入れて検索すれば、すぐに調べられます。

たとえば、2019年があなたが29歳のときだったとします。

この年は、令和が始まり、日本でラグビーワールドカップが開催されました。消費税が10％に値上げ、イチローが引退したのもこの年でした。

その1年を思い出しながら、自分で面白いと思う出来事を10個ほど拾います。

（3）次は左ページです。

このページに書くときは、右ページに書いた年のあなたに戻ります。当時の自分に戻って、思い出せること、印象的だった出来事などを書いていく。

参考までに、**「思い出すことリスト」**をあげておきます。

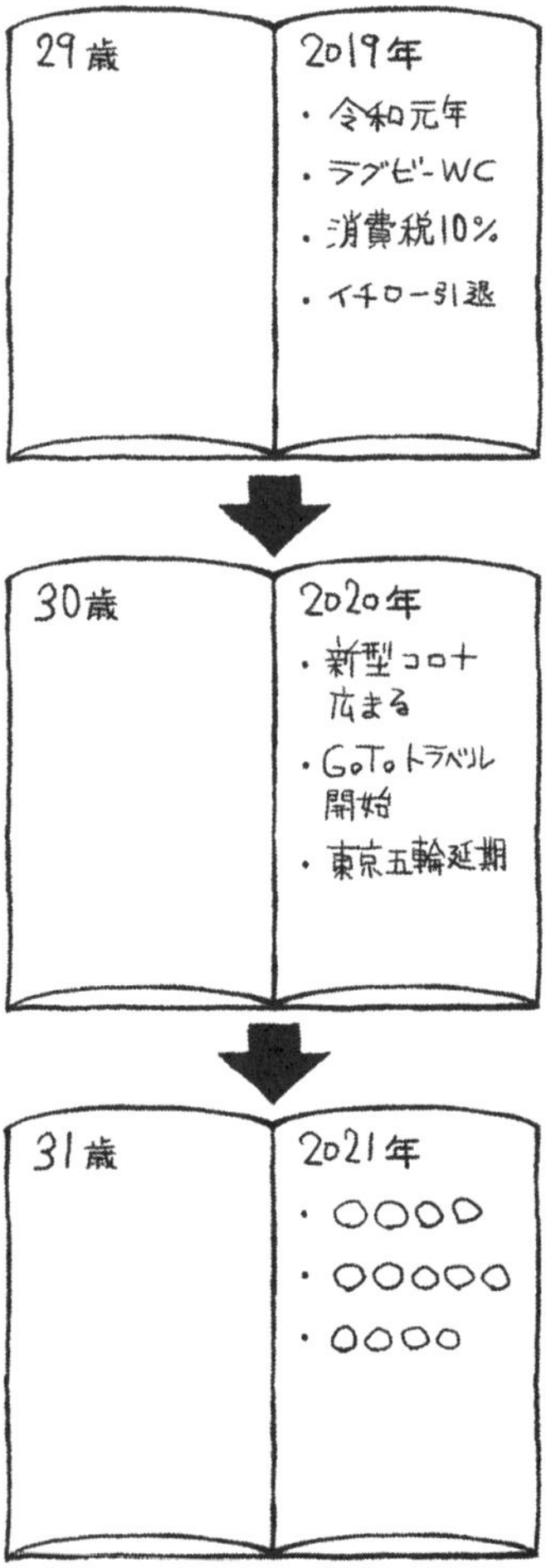

・心に残ったイベントはなんだったか
・日々、どんなことを考えていたか。悩みはあったか
・誰と仲がよかったか。何をしたときが楽しかったか
・好きな人はいたか。どんな気持ちで接したか
・うまくいったこと、失敗したことはなんだったか
・好きだった音楽、感動したマンガはなんだったろう

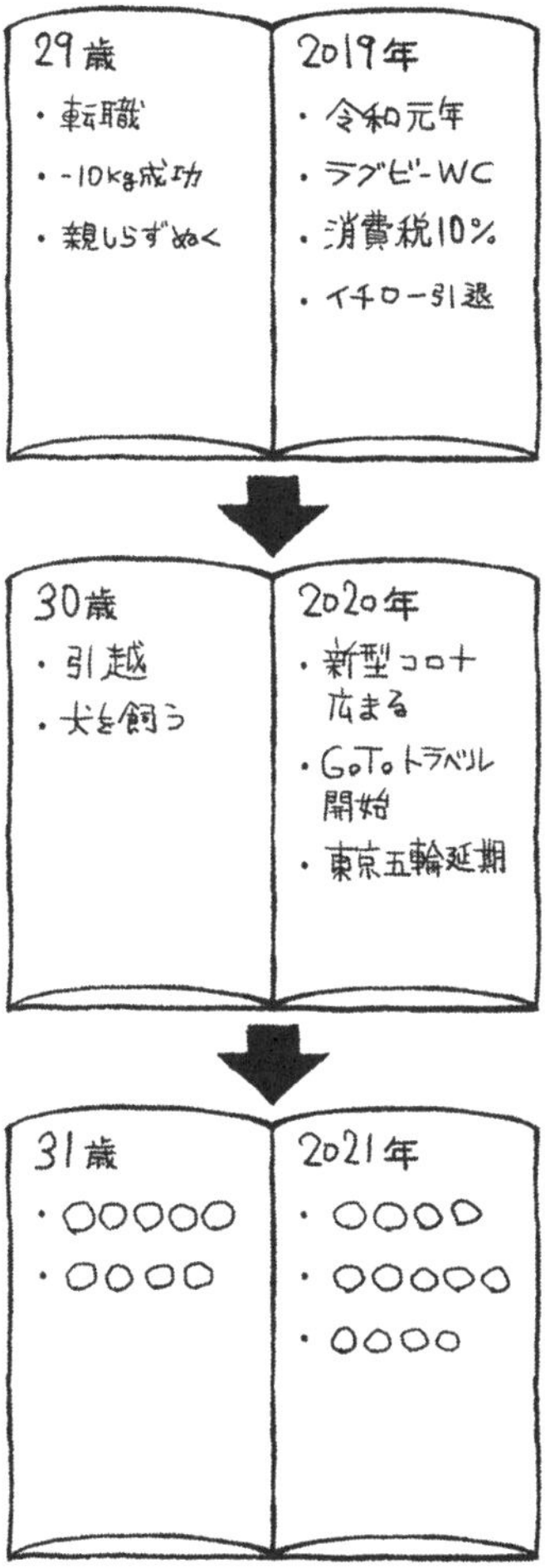

思いつくだけ書いていく。**当時の自分に戻るのが狙いです。**

こうして、自分の年齢と生きた時代をつぶさに振り返っていくと、思わぬ発見があるものです。


「あぁ、あのときの友だちのひと言で、自分は立ち直ることができたんだ」

「あのとき、熱中したゲームが、私がこの仕事を選んだ原点だった」


あなたの過去の中に、あなたにしか語れない話のネタが眠っているはずです。


一度にエピソードメモを完成させる必要はありません。

少しずつ書き足していけばOKです。

また、昔住んでいた場所や、通っていた学校に行ってみると、いろいろなことが思い出されるはずです。

あなたのどんな過去も、ネタになるはずです。エピソードメモをつけてみましょう。

ポイント

エピソードメモで自分の歴史を整理すると、あなたにしか話せないネタが見つかる。

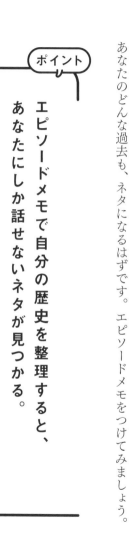

人から嫌われない「自分語り」の方法とは

人から嫌われがちな話のひとつに「自分語り」があります。

代表的なものが自慢話ですが、自慢でなくても、「自分エピソード」を延々と話されると、聞き手を疲れさせてしまうことがあるので注意が必要です。

ただ、人から好かれる「自分語り」もあります。**しかも、2つもあります。**

それは、**失敗談とV字回復の物語**です。

「しくじり先生　俺みたいになるな!!」というテレビ番組を知っているでしょう。

有名人が、自らの失敗について語るトークショーです。

成功したあと有頂天になって、転落していく。
いい気になって、人を軽んじていたら、痛い目に会った。
そんな手痛い話を語っているのに、ついつい面白おかしくて観てしまう。

人は、人の成功談を「自慢話」として嫌う傾向にあります。
おじさんの自慢話なんて、雑談の中で最も嫌われます。
ところが、失敗談になると、面白がってもらえる。

残念ながら、人間は、人の失敗を見聞きすると快感が生まれる生き物だそうです。

だから、「失敗した、俺のようになるな！」というメッセージは、人をひきつける力があるのです。

あなたにも、何かしら失敗した経験があるはず。

人に話すには、ちょっと恥ずかしいかもしれませんが、思い出してみてください。

- 道に迷って、大事なプレゼンに遅刻した
- パートナーの誕生日をうっかり忘れていて、激怒された
- 電車を乗り過ごして、隣の県まで行ってしまった

というようなことが、ありませんでしたか。

自分では面白くないと思うようなちょっとした失敗談でも、十分ネタになる可能性があります。

思い出したら、P270で紹介した、「エピソードメモ」にどんどん書き込んでおきましょう。

私にもたくさんの失敗談があります。

- プレゼンの朝、緊張で胃が痛い。焦った私は、間違えて下剤を飲んでしまった
- 結婚式。ホテルオークラとニューオータニを間違えているのに気づかず会場を探していた
- 得意先の名前は、上原さん。私は交渉の間、ずっと上田さんと呼んでいた

これらの失敗談は、私の雑談の持ちネタになっています。

失敗談を「いい話」にするコツ

失敗談を、単に「失敗した話のまま」で終わらせないで、さらに話を広げ、「いい話」にする方法があります。

失敗談を話すだけでももちろんいいのですが、さらにいい話に広げることができ

ると、雑談を盛り上げることができます。

たとえば、「寝坊して、約束をすっぽかしちゃってさ」という話で、「それは、大変だったね」で終わってしまってはちょっともったいないですよね。

じゃあどうするか。

失敗談＋その失敗から学んだことをセットにして話す、のがポイントです。

たとえば、こんな失敗談があったとします。

入社した当時、人に甘えるのが嫌いで、なんでも自分で抱えてしまっていた。

ところが、だんだんと1人では仕事がさばききれなくなってしまい、ある日、会社に行くのが怖くなり、無断欠勤したことがあった。

それで仕事に大きな穴をあけてしまい、上司から厳しく叱責された。

これに、その失敗から学んだこと、たとえば、「仕事には、人に甘える強さも必要」ということをつけ足すのです。

そのプラスαがあると、**聞き手は、いい話を聞いて得した気分になる**ものです。


失敗談には、「学んだこと」をプラスする。ぜひ、活用してみてください。


もちろん、上手に話を持っていけば、たとえ単に失敗したことを伝えただけでも、聞き手が興味を持ってくれて**「それでそれで？」**と話が盛り上がることもあるでしょう。

最後には、「なんと！　それは大変だったねぇ」などと、共感を生むこともあるかもしれません。

ただ、たったひとつ**「学び」の情報を加えるだけで、共感よりさらに上、「いい話」「得した話」に昇華させることができる**のです。やらない手はないですね。

雑談が上手い人は、こうしたエピソードをしょっちゅう考えています。ちょっとしたミスでさえ、学んだことを交えて話すことを習慣にしているのです。

すぐにできなくてもかまいません。**こうやって話のネタはつくるものなのだと覚えるだけで、力になるはず**です。

練習方法は簡単。

お風呂に入っているときや就寝前に、「今日の失敗」プラス「学んだこと」を思い浮かべてみましょう。「エピソードメモ」に記入しておけば、より鮮明にインプットできるはずです。

たったそれだけですが、**明日のあなたは、今日のあなたよりも成長しているはず**です。

毎日1ミリでも、成長することができると思います。この1ミリが、積み重なると大きな成長につながります。

「V字回復物語」で人の心を動かす

ここからは、人が好きな話のもうひとつのパターン「V字回復物語」についてお話しします。

失敗し、どん底に追いやられたあと、何かのきっかけで**V字回復する物語**……

V字回復物語

一発逆転劇が嫌いな人はいないんじゃないでしょうか。

一発逆転劇で、人は何に心を動かされるか。

映画で考えるとわかりやすくなります。

努力しても報われず、どんどん不幸になっていく主人公。

不幸になって、さらにまた、どん底に突き落とされて……

でも、ふとかけられた言葉をきっかけ

に名案が浮かび、ものすごい発明をする。

それをきっかけに、人やお金が主人公に集まってくる……ハッピーエンド！


こういう話で、どこがミソか。

不幸状態から幸福に切り替わるその**ターニングポイント、つまり、V字の最も下の部分が印象**に残るのではないでしょうか。


そのきっかけは、ある人の言葉かもしれません。

たまたま見た、CMのワンシーンかもしれません。

それをきっかけに、「もう、ダメだ！」と思っていた事態が、どんどんよい方向に向かっていく。

人は、その瞬間を共有して、「いいこと聞いた」「感動した！」と思ってくれるのです。

日常生活の中に、映画のような、劇的な変化はないかもしれません。

でも、「自分が変わった瞬間」であれば、いつもの生活の中にも見出すことはできます。**身近な「プチV字回復」の瞬間を探すのです。**

変化といっても、大きな変化である必要はありません。

- 先輩のアドバイスのおかげで、仕事が30分早く終わるようになった
- 好きなYouTuberの動画を見て、早起きするようになり自分の時間が増えた
- この本を読んで、雑談することが急に楽しくなってきた

など、日常の中の「プチV字回復地点」を探してみてください。

成長前の自分と成長後の自分、そしてその分岐点となったこと（もの）を思い返しながら、セットで考えるようにしてみてください。

たとえば、

- 商品発送の際は、商品と納品書と請求書を送っていた（成長前の自分）
  ←
- 尊敬する先輩から、「それでユーザーに感謝の気持ちが伝えられているのか？」と言われた（分岐点）
  ←
- 納品書に手書きでひと言、ユーザーへの感謝の気持ちを書くようになった（成長後の自分）
  ←

・購入者からお礼の手紙をいただいた（プチ成功体験）

自分の成長のきっかけ、秘けつを共有された人は、きっと、「いい話が聞けた！」と思うに違いありません。

ポイント

失敗談に、失敗から学んだことや、立ち直ったきっかけをつけ足して、「いい話」に昇華させる。

エレベーターで上司や同僚と鉢合わせしたときに何を話せばいいのか？

トイレで、上司と一緒になったとき。
エレベーターで、上司や同僚と鉢合わせてしまったとき。
こういうシーンが大の苦手という声をよく聞きます。

無言のままでいるのも気まずいし、かといってなんて声をかけていいのかもよくわからない。

数秒でもお互いに無言が続くと、さらに気まずさが倍増します。
なにか話さないとと焦るけど、話すことが出てこない。

こういう**「とっさの雑談」**が必要な場合では、どうしたらいいのでしょうか。

相手はまったく知らない人というわけではなく、上司や同僚といった見知った仲です。

話をする内容は、落ち着いて考えれば、何かしらは出てくるはずです。

でも、こういうシーンを苦手に感じる人が多いのも事実です。

なぜでしょう。

理由は、**「焦るから」**です。急に雑談をしないといけないシーンになって、何を話したらいいか、あたふたしてしまう。

では、こういうシーンでも雑談を上手くできる人はどうしているのでしょうか。

実は、**話の上手い人は、ネタがポンポン出てくるための「仕組み」をつくっています。**

といっても難しい仕組みではなく、とっさのときに取り出せる**「鉄板ネタ」のリスト**を頭の中に入れているのです。

そして、その時々に合わせて、鉄板リストから選択して、その場に合う話のネタをつくっているのです。

これは、誰でもできることです。

実際に私がつくった、おすすめの鉄板ネタリストを紹介したいと思います。

とっさの雑談での鉄板ネタ4選

話のネタに困ったら、この4つを思い浮かべてみてください。

「テン・プラ・ジジ・ケン」

なにかの暗号のようですが、こういう意味です。

- テン……天気の話題
- プラ……プライベートで熱中していること
- ジジ……時事ネタ
- ケン……健康の話題

とっさのテン・プラ・ジジ・ケン

この4つが、鉄板ネタです。どれも、とっさに出てきそうなものではないでしょうか。

テン……天気の話題

「天気、西から崩れるらしいですよ。明日から出張なのになぁ」

「今日はめちゃくちゃ暑いですね。10分歩いたら汗だくです」

天気の話は、それだけで終わらずに、身近な話題をプラスして話すと、なおいいと思います。

ただし、長く引っ張れる話ではないので、天気を導入にして、身近な話題のほうに話をずらしていくと、雑談が途切れることがなくなり、安心して話ができます。

プラ……プライベートで熱中していること

「最近、炭酸水に興味があって、自宅で炭酸水がつくれるマシーンを買いました。○○さんは、何かそういうモノありますか？」

「今日のランチ、近所で海鮮丼を食べたんですが、すごいコスパのいい店でした。●●さんは、最近ランチでどこかおすすめはありますか？」


自分が今、何にハマっているか。これなら、話せますよね。

もしくは、最近体験したことや、気になっていることでもいいと思います。

要するに、あなたがどんなことに興味を持っているかが、少しでも垣間見えるような話だとバッチリです。

自分からプライベート情報を少し開示して、気になっていることを相手にも聞いてみましょう。これは、距離がグッと縮まる可能性があるネタです。

ジジ……時事ネタ

時事ネタは、できれば大きく話題になっていることを選ぶのがいいと思います。

マニアックなニュースだと、相手がまったく興味がなかったりすることもあるので、テレビの情報番組で取り上げているくらいの、誰でも知ってそうな話題がおすすめです。

「昨日のサッカー、すごかったですね。まさかドイツに勝つとは思ってもいませんでした！」のような感じです。

ケン……健康の話題

「最近、体重が2キロ増えちゃいまして。◯◯さん、何か運動されてますか？」

「このところ、ちょっと疲れやすくて。何か疲れをとるいい方法はないですかね？」

このような、身近な健康ネタはけっこう使えます。

「3時間しか寝てないので睡眠不足です」など、「体調不良自慢」で盛り上がる人、たくさんいますよね。

どうでしょう。

このような鉄板ネタを用意しておけば、とっさの雑談にパッと使えるイメージ、持ってもらえたでしょうか。

ちょっとした事前準備は必要ですので、意識して、ふだんからネタ集めをしてみてください。

今すぐ話のネタになるプラスのテーマ5選

「テン・プラ・ジジ・ケン」以外にも、話のネタになりそうなおすすめテーマを紹介します。

- **この場所までどうやって来たか**（その間に、面白いことは見聞きしたか）
- **好きなスポーツ**（自分は熱く語りすぎず、相手の好きなスポーツを聞き出す）
- **休日の過ごし方**（映画を観る、本を読むだけではなく、なるべく具体的に）

- **最近の様子**（仕事の忙しさやプライベートの充実度など）
- **持ち物**（時計、スマホ、ペン、カバンなど）

ポイントは、**自分から話しはじめても、同じことを相手にも質問する**ことです。

たとえば、

「私、休日はカラオケに行くのが好きなんですが、●●さんは何をされていますか？」といった感じです。

「私には、話すネタがない」と思っていても、実は話すネタはいろいろあるのです。

話が上手い人は、こういった話のネタを集める工夫を、楽しんでやっています。

ポイント

まずは鉄板ネタ「テン・プラ・ジジ・ケン」を話題にする。

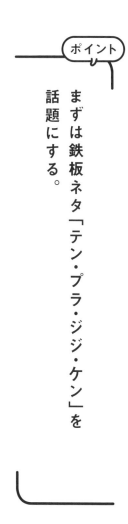

雑談は相手と二人三脚をしているイメージで

こんな経験はないでしょうか。

一生懸命話そうとしているのに、いまいち相手に聞いてもらえている気がしない。

なんとなく、あいづちや反応が微妙で、話しているうちに気持ちがなえてしまう。

こういうとき、つい相手を責めたくなる気持ちが起きるかもしれません。

でも、聞いてくれない原因は、自分のほうにあるかもしれません。

自分の側に原因がある場合、こういうことが起きています。

- **相手の理解スピードを考えず、自分のペースでどんどん話してしまっている**
- **「わかりやすく語ろう」と思うがあまり、話がまわりくどい**
- **相手が興味のない話をずっと続けている**

共通するのは、話を聞いてくれる相手のことをあまり考えていないことです。
相手を置いてきぼりにしたり、一人合点したりしている可能性があるのです。

こういうときこそ、**「二人三脚マインド」**です。

ちなみに、この本では、ここまで「雑談はなんでもあり」と書いてきました。
でも、なんでもありというのは、相手に失礼をしてもいいとか、相手のことを考えなくていいとか、そういうことではありません。雑談はコミュニケーションなので、相手ありきで存在するものです。

話を聞いてくれる相手のことを考えることは、大前提として必要になります。

では、どうしたら、相手のことを考えることができるか。

こういう問いかけには、いつも逆を考えるとよいと思います。

Q　あなたは、雑談で相手の話を聞いているとき、「相手が自分のことを考えて話してくれている」と感じるのはどういうときですか？

どうでしょうか。どんなときにそう感じますか？

- **会話のペースを、自分に合わせてくれているとき**
- **理解できているかどうかを確認しながら会話を進めてくれているとき**
- **できるだけ、横道にそれず端的に話してくれているとき**

・**こちらが関心のあるような話を、混ぜ込んで話をしてくれているとき**

などではないでしょうか。

ほかにもあると思いますが、要するに、**自分に寄り添って話してくれていると感じられるかどうか**ですよね。

では、どうしたら寄り添ってくれているように話せるか、その具体的なコツをお伝えしましょう。

相手の考えを想像しながら話せるようになる方法

自分の話を聞いてもらうには、

聞き手が考えていることを思い浮かべながら話すことです。

「そんなのできたら苦労しないよ」と言う人もいるでしょう。

そこでご紹介するのが、**相手の「心のロジック」を想像しながら話す方法**です。

「心のロジック」とは、話を聞いて、**「そういうことなら、こうなるだろう」**と推測することができる自然な論理のこと。

「駅に着いたら、雨が降ってきました」

と、あなたが語ったとします。

すると、相手は、雨が降ってきたことについての話か、それに関連する話が続くと考えるのが自然な流れです。

ところが、あなたが、

「その駅の改札口に、かわいい柴犬がいたんですよ」

と言ったりすると、聞いているほうは、

「あれ？　雨の話はどこへ行ったんだ？」と混乱するわけです。

「駅に着いたら、雨が降ってきました。だから、あわてて、駅の売店で傘を買いました」

という話なら、聞き手の心のロジック通りに話が進みます。

話が心のロジック通りに流れているか見極めるコツは、接続詞を上手く使うことです。

文と文との間に接続詞（「だから」「でも」「しかし」など）を入れて話すと、ロジックのつながりがわかりやすくなります。

逆に、接続詞が上手くはまらないときは、話の流れが不自然になっている可能性が大です。

人に話をするときは、文と文との間に接続詞を入れながらしゃべるクセをつけるとよいです。

これを意識して話すことで、お互いに意識のズレがなくなり、聞き手が話に興味を持ってくれる可能性がぐんと増します。

「Q&A話法」で語る

ほかにも、簡単に心のロジックにそって語る方法があります。

それが**「Q&A話法」**です。

これは、話し手がただ一方的に語るのではなく、聞き手に考える時間を与えながら話す方法です。

人は、少しの間でも自ら考えようとすると、興味の度合いが上がり、「あ、やっぱり、そうなるんだ」「え？　意外、そんな展開になるんだ」と、積極的に話を聞こうとするものです。

先ほどの例で話します。

「駅に着いたら、雨が降ってきました。急いで行かなければいけないのですが、**みなさんなら、どうします？**」

と、**キリのいいところで相手に、問いを投**

げかけます。

これが「Q」（クエッション）です。

こうすることによって、相手は「走るのかな、タクシーに乗るのかな、傘を買うのかな」と、一瞬、考える。脳を自ら使おうとします。

質問を投げかけることで、相手は「どうなるのだろう」「こういう展開になるのかな」と話への興味が強まる。

「Q」のあとに、ひと呼吸置いて、自分で答えである「A」（アンサー）を出します。

「あたりを見回したら、駅にレンタル傘があったので、それを使ったんです。今や傘もシェアの時代なんですね」

と言えば、相手は、

「そうか、そういう選択をしたのか」と納得する。

このとき、**ＱとＡの間には、「うん、うん」と心の中で言うくらいの間を空けるのがポイント。**

雑談のように、特に話の主導権が決まってない場合でも、「問いかけ」を入れながら話すと、人はその答えを考えて、脳をはたらかせるものです。

ただ一方的に話すのではなく、相手に考えさせる余地をつくりながら話していく。

意識すれば、簡単に身につく話法です。

話に、「Q&A話法」を取り入れてみてください。

ポイント

相手に話を聞いてもらうには、聞き手が考えていることを思い浮かべながら話すか、相手へ問いかけながら話す。

「決めつけバイアス」が相手の話す気持ちをそいでいる

関西出身の知人からこんな愚痴を聞きました。

「自分が関西人だからというだけで、『この人は面白い人に違いない』『話にはオチを求めているはずだ』みたいな決めつけをよくされる。自分はそういうタイプの人間じゃないし、オチなんかつけられないから、会話がストレスになることがある」

当然のことながら関西人全員が、話に面白いオチをつけるわけではありません。

なのに、

関西人＝面白い

関西人＝オチを求めるのような決めつけをしてしまう人がけっこういるようです。

こんな決めつけが、相手を「会話が苦手」に仕向けている可能性があります。

「あの人は、北国の生まれだから、口数が少ない」
「育休から戻ったばかりなのに、きつい仕事をさせるのはかわいそうだ」
「君の将来のためにも、そろそろ身を固めたほうがいい」

こんなふうに、なんでも決めてかかる人がいます。

しかし、これは一方的な決めつけ。目の前の相手が、あなたの考えた通りに思っていたり、必ずしもそういう人物だとは限りません。

その**無意識の決めつけによる発言が、知らず知らずのうちに、相手にストレスを与えたり、傷つけたり、怒らせたりしているかもしれません。**

無意識のうちに決めつける。思い込む。これを**「アンコンシャス・バイアス」**と言います。

これは、お互いに気持ちよく雑談をするうえでの障害になり得ます。

誤解を生む4つの「決めつけ」バイアス

アンコンシャス・バイアスの中でも、よくやってしまう典型的な4つを紹介します。

自分にこの傾向がないか、チェックしてみてください。

1 固定観念や思い込みで決めてかかる（ステレオタイプ）

偏見、差別を生む土壌になりがちな考え方です。

例「東大卒だから、彼は頭がいい」

「彼女は、東北出身だから無口だ」

2 よかれと思って言ってしまう（慈悲的差別）

相手のためを思って言ったことが、まったく相手の望んだことではない場合があります。

例「ママは、ずっとあなたを見てきたの。芸人なんて向いていません！」

「あなたはまだ入社したばかりだから、軽い仕事をやればいいよ」

3 自分の正当性を証明しようとする（確証バイアス）

自分に都合のいいデータを収集して、都合の悪いものは無視する。

例「山田部長も私と同じ意見だ。A案のほうがいい」
「佐々木はラグビー部出身だから、このくらいの仕事は耐えられるはず」

4　成功例の押しつけ（成功者の経験）

自慢話によくあるパターン。成功者の経験を例にあげて、「あなたにもできる」と言ってくる。精神論を語る人にありがち。

例「私も必死に勉強して資格に合格したんだ。きみにだって絶対できるよ」
「輝かしい歴史と伝統のある我が社だ。この危機も乗り切れる！」

いかがでしょうか。こうしてみると、自分でもついついやってしまっていることはないでしょうか。

また、周りにもこういう話し方をしている人がきっといるんじゃないでしょうか。

このアンコンシャス・バイアスの怖いところは、「無意識に（アンコンシャス）」やっていることです。言っている本人は、まったく気づいておらず悪気がないのです。

だから、なかなか自分では気づくのが難しいんです。

では、そんなアンコンシャス・バイアスをなくすには、どうしたらいいでしょうか。

「決めつけ」バイアスから逃れる方法

アンコンシャス・バイアスを克服する方法は、シンプルです。

「私の発言にも、必ずアンコンシャス・バイアスが含まれている」と意識することです。

具体的には、先ほど紹介したアンコンシャス・バイアスの４つの典型パターンの逆を考えればよいのです。

たとえば、次のことに注意してみてください。

A＝Bの精神を疑う

「Aは必ずBと言えるのだろうか？」と、一度頭の中で考えるクセをつけましょう。

「Aだから、Bである」「AはBである」という話し方は、一見シンプルでわかりやすいもの。わかりやすくて、パワーがある言葉なので、動画サイトのサムネイル画像などによく使われます。

しかし、**普遍的な真理でない限り、断定的な言い方は、なかなかできないもの**

です。

たとえば、「水は液体である」は断定できます。しかし「水は冷たいものである」とは必ずしも言えません。

ほかにも、「英文科を卒業しているので、英語が得意なはず」ということも、必ずしも言えません。

本当に相手のための発言になっているかを疑う

よかれと思って言ったことが、相手の望んだことではないこともあります。これは、いったん、その人の気持ちに立たないとわからないことです。

たとえば、親が子どもに対して、**「あなたのことは、私が一番わかっている」と思い込んでいることがあります。**

会社で、上司が部下に対しても同じようなことをしてしまうのはよくあります。

このような決めつけをいろいろなところでしていないか、発言する前に、考えてみてください。

自分の主張が公平な意見かを疑う

自分の都合のよい情報を集めて、言いたいことを言おうとしていないか。

俯瞰《ふかん》して自分の意見を眺めてみてください。

自分の都合のいいように、何も関係もないもの同士を結びつけて、「AはBである！」と主張する。ここには自分を正当化しようとする「確証バイアス」がかかっています。

これは、仕事で成果などを分析するときに陥りやすいパターンです。

たとえば、

「この日は暑かったので、かき氷が飛ぶように売れた」

という分析は、すっと理解できるし、正しいかもしれません。

一方、

「五百円のかき氷より千円のかき氷が売れたのは、猛暑が原因」

という分析は、正しいとは言えませんよね。

本当にそうだろうか、と自分の考えを疑い、見つめ直してみることが大事です。

例として取り上げたことが、言いたい事柄を証明してくれるか、疑う

「AはBだった。だから、CもBである」

という意見は、「A＝C」ということを証明できないとそう言えません。

AとCの関係を述べずに、C＝Bとするのはかなり乱暴です。

論理的に証明できる話か、元の例文に戻って見てみましょう。

「私も必死に勉強して（A）資格に合格したんだ（B）」と「きみにだって（C）絶対できるよ（B）」と言う発言は、まさにこれです。「私が必死にした勉強量」と、「きみが今からがんばる勉強量」が同じであるという前提に立っていますし、2人の能力やスキルも違うはずです。同じ条件とは言えませんね。

くり返しますが、**ポイントは「自分の中の決めつけ、思い込みがないか疑うこと」**。

雑談の際も、「あれ？　これはもしかすると、私の偏見かも」と思うクセをつけてください。

いつも、そういう視点でものを見て、発言できる人は、相手からも話しやすい人になるはずです。

ポイント

自分の中に決めつけや
思い込みがないかを疑うクセをつける。

デリカシーのない人と言われない5つのルール

デリカシーのない人に出会うことがありませんか。

「◎◎さん、口数が少ないですね」

こんなふうに、相手が気にしていること、コンプレックスに思っていることを平気で言う人。

雑談は、親睦であり、人と仲良くなるためのコミュニケーションです。なのに、相手の嫌なことを平気で言う人は、雑談の意味を理解していないんだと思います。

他人の負の領域にズカズカ入ってくるので、こういう人と話さないといけないときは、ちょっときついですよね。

しかし、話している本人は「デリカシーに欠ける」と気づいてない場合が大半です。それがわからないから配慮できないのです。

そして、話している本人が気づきにくいということは、もしかするとあなたもやってしまっている可能性があるかもしれません。

次の項目で、「自分のデリカシー度」をチェックしてみてください。

自分のデリカシー度をチェックしよう

「デリカシーのない人」は、大まかに次の5つの特徴があります。

この5つの項目のうち、ひとつでも当てはまればデリカシーに欠けている可能性があります。

デリカシー度チェック1

自分の好奇心を優先してしまう

自分が興味のあることなら、相手の個人的情報を気にせず聞いてしまいます。それが相手が聞かれたくないことだったとしてもです。

- **年齢、出身地、居住地、学歴、職歴、家族構成、年収、結婚歴、病歴、宗教、政治的信条など、極めて個人的な領域をあれこれ詮索しようとする。**
- **親しくない相手に、「休日何してたの？」とか、「彼氏（彼女）いるの？」などのプライベート情報を聞く。**

質問している本人は、相手の属性を深く知りたいと思っているのでしょうが、プライバシーに関わることは、聞く内容に気をつける必要があります。

デリカシー度チェック2　自慢話ばかりをしてしまう

自分がどれほどすごい人間か、自慢話ばかりする。

成功談、実績、周囲からどう見られているかなど、「私は、私は」と、自分の話ばかり。「誰もが私の話を聞きたい」と思っているとしたら、それは勘違いです。

デリカシー度チェック3　秘密をバラす

「◎◎さんって、▲▲らしいですよ」

人は噂話が大好き。他人の秘密を知ることも好きです。

だからといって、人の秘密をペラペラしゃべるのは、配慮に欠けるし、何より人から信用してもらえなくなります。

デリカシー度チェック4　**パワハラ・セクハラをする。下ネタが多い。下品**

「セクハラは、好きな人にされたいことを、嫌いな人にされること」という言葉があります。

「相手が自分のことを好きだと思っている」「このくらいは許してくれる」と考えているところから、セクハラは起きると言われています。

パワハラも同様に、優越的立場を使って適正な範囲を超えた言動をすることが問題になるのです。自分で判断するのが難しいことだけに極めて慎重になるべきです。

デリカシー度チェック5　**マナーが悪い。不潔。声が大きい**

マナーが悪い。不潔は当然として、声の大きな人は、ノイズハラスメント扱いされます。場の雰囲気、話の内容に応じて声の大きさに注意することも忘れないように。

いかがでしたか？　ひとつでも当てはまるものがあったら要注意。あなたは、周囲に「デリカシーがない人」と思われているかもしれません。

「デリカシーのない人」5選

自分のデリカシー度を矯正しよう

では、デリカシーのない人と思われないようにするにはどうすればよいのでしょうか。

ふだん雑談をしているときに、次の項目に思い当たることをしていないか、チェックして、もしそう思っていたり、やっていそうならば矯正をしていってください。

1 相手のプライバシー情報を知るほど、相手と深い知り合いになった気がする

→ プライバシーに関わるような内容は、自分から聞くのはなるべく避けましょう。

ただし、年齢や出身地などが、相手との話のタネになることもあります。なので、**先に自分の年齢や出身地を言ってしまうというのはアリ**です。

それに対してどう答えるかは相手次第なので、配慮した話し方にはなると思います。

2 話に「私は」「僕は」「俺は」と一人称が多い

↓ 自分のことについてばかり語っている可能性が大きいです。主語を**「あなたは」**にして、相手の話を聞くように心がけましょう。

この話を過去にした覚えがある

↓ 何度もしている話は、「自慢話」になっている可能性があります。話すうちに自分の中で美化されて、自分1人で酔うような話になっている可能性もあるので、**「この話、前にもしたかも」**と思ったときは、とりやめるのが賢明です。

3

いない人の話をしている

↓本人のいる前で、悪口や暴言を吐く人はあまりいません。その人がいないところで、その人を話題にしているときに、「あの人、実はね……」と秘密をバラしたりするものです。**いない人の話は極力さけましょう。**

4

相手は自分を好きだと思い込んでいる

↓セクハラやパワハラは、相手が自分を好きだ、許してくれる、抵抗しないと思い込んでいるところから起きがちです。**自分と相手の距離感をしっかり見極めましょう。**

5

鏡を見る回数が少ない

↓身だしなみは、自分を客観視するところからはじまります。トイレに行った際は必ず、街のショーウィンドーに映った自分も見るなどして、自分の服装や髪型が今、どうなっているかをチェックするようにしましょう。

俳優のチャールズ・チャップリンは、

「私たちがみんなで、小さな礼儀作法に気をつけたなら、人生はもっと暮らしやすくなる」

と言っています。

一人ひとりのちょっとした配慮によって、雑談のしやすさも変わります。

あなたが**「この人と話すの、しんどいなぁ」と思う人をよく観察し、反面教師にしてください。**

ペラペラと、話し上手になるよりは、まずは礼儀正しく、デリカシーのある人になることを目指しましょう。

ポイント

相手に「この人とは話したくない」と思われないよう、自分の「デリカシー度」をチェックする。

「話の長い人」との雑談を終わらせる秘けつ

話の長い人っていますよね。仕事の打ち合わせでも、1時間で終わるつもりが、1時間半、2時間……、いつまでたっても話が終わりそうにない。

そういうとき、なかなか話を切るのが難しいと思います。

そろそろ疲れてきたな。

忙しいから、あんまり時間を取られたくないな。

次の予定があるんだけど、話を切れない……。

そんな心の声をあげた経験、誰にでもあるんじゃないでしょうか。

雑談は、ひとつのトピックについて話したら終わりではなく、どんどん新しい話題に飛んだり、そうかと思えば、またもとの話に戻ったりします。

そういう意味では、**終わりのないのが雑談**とも言えます。

とめどなく広がっていく話をどうやって止めるのか。これは結構な難題です。人の話を切ることは、コミュニケーションの中でも難しいテクニックです。でも、うまく話を終わらせる秘けつがあるので、ここで紹介します。

ちなみに、話を切れない理由は、相手が気持ちよく話しているのに切ってしまうことが、相手の気分を害さないだろうかとか、相手に悪い気がするということだと思います。

でも、忘れないでほしいんですが、基本的に話を切るのは悪いことではありません。

まず、**話を切るための最初のポイントは、話を終わらせることに「申し訳なさ」を感じないこと。**

雑談のキホンは、お互いに気持ちよくしゃべれることなので、そんなふうに思ってしまうと相手の話をただ聞く係になってしまいます。そうなってしまうと、それはもう雑談ではなくなってしまいます。

では、どうすれば相手の機嫌を損ねずに、話を終わらせられるのでしょう。

自分のせいにして、話を切り上げる

まず、相手の話を切らなければいけないときに、NGなことがあります。

それは、

「あなたの話が長くて、つまらないから、ここで終わりにしたい」という気持ちを、チラリとも見せること。

実際にそう思っていなかったとしても、相手にそう思わせてはいけません。

たとえば、時計をチラチラみたり、ソワソワすれば、すぐに「もう話を切りたいんだな」と勘ぐられてしまいます。これは、よくない。

では、これはどうでしょうか？

「ちょっと、このあとに約束がありまして」と言う。

なるほど、嘘ではないでしょうし、よくあるパターンです。

でも、これも十分ではありません。
たとえば、相手が得意先や上司、あるいはあなたの大切な人との場合は、もう少し工夫が必要です。

その工夫が、これ！

「話が長くなった責任は、私にある」と、相手にアピールすること。

「ごめんさない。面白くてついついお話を聞き入ってしまい、こんな時間になってしまいました」
「お時間、大丈夫ですか？　私が質問ばかりしたもので、ずいぶんお時間をとらせてしまいまして」

こんなふうに、話が長くなったのは、話が面白くてついつい聞き入ったり、質問したりしてしまった私のせいだと語るのです。

そのうえで、

「もっとお話をお聞きしたいのですが、ちょっと時間がなくて」

と言えば、相手も事情を察し、嫌な顔をしないでしょう。

相手のせいにするのではなく、「話が面白くて聞き入ってしまった」自分のせいにする。

こうすれば、相手も悪い気はしないはずです。

これが、いい話の切り方です。

「面白かった」「楽しかった」で、フェイドアウト

さらに、話を上手に切り上げるいい方法がもうひとつあります。

その雑談で心に残った気持ちをひと言で表すという方法です。

たとえば、

「お会いできてうれしかったです」

「あー、面白かった！」

「楽しい時間でした」

「ただただ、驚きの連続でした」

と、伝えるのです。

これだけで、**それまでの雑談の内容が、うれしかったり、面白かったり、楽しかったり、驚きの連続だったという印象が残ります。**

簡単でしょう。今日から、すぐに使ってみてください。

人の記憶に残るのは、**「一番感情が盛り上がった、ピークのとき」**と**「別れ際の、エンドのとき」**（ピーク・エンドの法則）だそうです。

人は、別れる瞬間の相手の顔、態度、言葉、しぐさ、印象をよく覚えていると言います。

ならば、話の最後には、きっちりと相手に好印象を残しましょう。

相手と過ごした時間が有意義だったことを伝えつつ、「ありがとうございました」と、しっかり感謝の言葉を述べます。

この、ちょっとしたやり取りが、「また会って話したいな」と思ってもらえるかどうかのポイントだったりします。

終わりよければすべてよし

言葉と同様に、最後に見せたあなたの顔の印象が、相手の頭に長く残ります。

とびきりの笑顔で、雑談のフィナーレを迎えましょう。

ポイント

感謝の言葉と笑顔で好印象を残して、
雑談をしめくくる。

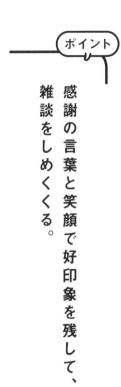

雑談力の成長は、右肩上がりには起こらない

英語を教えている人に、こんな話を聞いたことがあります。

「英語って、ある日突然しゃべれるようになったりするんです」

そんなことがあるのかと思い、詳しく聞いてみると、こういうことだそうです。

「英語の習得は、右肩上がりにできるようになるわけではなく、勉強しても、定期的に階段の踊り場みたいに、成長が止まったように感じる時期があるんです。でも、あきらめずにそこでも努力をしていると、そのあと一気に英語の力が上がったりするんです」

この話を聞いたときに、英語の学習にも**成長の法則性**が関係していることを知りました。

この、何かしらの努力を続けているにもかかわらず、成果が現れない時期を**「プラトー現象」**と言います。

特に、スポーツの世界でよく語られる上達のプロセスです。

サッカーでも野球でも、やりはじめたころはぐんぐん上手くなります。この時期は、やればやるほど成長が感じられ、面白くて仕方ないことでしょう。

しかし、ある日突然、成長が止まります。

こうなると、何をやっても上手くできない。どんなに努力をしても、目に見えた効果が現れません。

この、壁にぶち当たった状態を「プラトー」と言います。
「プラトー」とは「高原」のこと。
ずっと右肩上がりで成長してきたのに、突然、横ばいになる。それが、高原のように、果てしなく平らに続いているように思えるのです。

ここで挫折をしてしまう人が多くいます。
やってもやっても成長の実感がないので、つらくなってしまうわけです。

雑談力を向上させる場合も、このプラトー現象が当てはまります。

この本で紹介してきたさまざまな方法を実践してみると、最初のうちは目に見える成果があるかと思いますが、じきに、それ以上の成果が見えにくくなることもあると思います。

そうなってしまうと、そこで、「もう、がんばるのはやめよう」と思うかもしれません。

「もう、努力してもムダだ。誰も私の話にふり向いてくれない。話の輪に入るの、ちっとも楽しくない！　雑談、やっぱりしんどい！」

と、弱音を吐きたくなるかもしれません。

でも、そこであきらめないでください。

この「プラトー」の状態は、「スランプ」とは違います。

「スランプ」は、できたことができなくなることです。

一方で、**「プラトー」は、次のことができるようになるための準備期間**です。

「プラトー」は次への準備期間

何かを成し遂げようとするには、一定量の時間と経験を費やさなければなりません。

より飛躍するために、「今は力をためている状態」なのです！

プラトーの間は、どうしてもつらい気持ちが先行し、何度もあきらめたくなったりします。

これは、どんな人にも来るそうです。

きっと、大リーガーの大谷翔平選手でも、**何度もプラトーを経験しながらも、あ**

きらめずにがんばり続けたからこそ、今の活躍があるはずです。

ここで、がんばりを投げ捨てないことです。「自分はダメだ」とあきらめないことです。

不思議なもので、ある時期を過ぎると、「プラトー」が消えて、その代わりに急激な、右肩上がりの成長の時期が来るのです。

昨日までの絶不調がウソのように、急成長する。

ただ、**続けていくと、その後も再び「プラトーな状態」がやってきます。**

総じて言うと、勉強でも、スポーツでも、雑談力を身につけることも、何かを達成しようとしたいならば、伸びている時期とプラトーの時期が交互にやってくるのです。

なので、プラトーの存在を知っておくだけで、取り組む意識は大きく変わると思います。

「あ、いまの自分はプラトーなのかもしれない。ここであきらめずに続けていれば、どこかで急成長するはずだ」

そう思えれば、挫折を避けることができますよ。

ポイント

雑談で上手くいかないことがあってもあきらめない。続けていけば、できるようになるときがきっと来る。

あとがき

コロナ禍から平静を少し取り戻したころ、都内の大学から講義の依頼を受けました。

学生たちが「学びたい講師と内容」を決める講義で、依頼されたのが「雑談力についてで」でした。

人と会う機会が少ない環境が3年近く続いた。

「いつの間にか、直接会うよりも、ＬＩＮＥで会話をしたほうがラクだし、本音も言えるようになった」「顔を見ると、何を話していいのかわからない」と、学生たちが悩みを打ち明けてくれました。

この講義以来、私は行政、企業、ビジネススクール、小中学校などさまざまな場所で、「雑談」する場をつくりました。

「10分間、お題を決めずに話してみましょう」と言うと、多くの人が困ったように顔を見合わせています。

手があがり、「先生、雑談はまず、自己紹介からすればいいですか」と質問されることもありました。

いつの間にか、私たちは、じかに会い、じかに話す楽しさを忘れてしまったようです。

たわいのないおしゃべり、話すことそのものを楽しむ会話、そこから生まれるエネルギーやクリエイティブ・ジャンプする力を失ってしまいました。

この本は、この時代に、さまざまな場所で見てきた「初対面の人と話せない」「話すネタがない」「話が続かない」「価値観や世代の違う人が苦手」「沈黙が怖い」「話の終わり方がわからない」といった雑談の悩みを受け、私なりの解決策を示したものです。

執筆にあたっては、㈱アスコム編集部の山田吉之さんに大変お世話になりました。2人ともコロナに罹患し、苦しい時期もありましたが、その分、考えが深まり、中味の濃い内容になりました。

また、私が教鞭をとる大阪芸術大学の学生、野口清香さんにも多大な協力をしていただきました。若い世代が、会話のどんなところでつまずき、悩み、工夫をしているか、雑談の盛り上げ方など、たくさんの情報を提供してもらいました。ありがとう。

時代は、コロナ禍からまた少し動き、ＣｈａｔＧＰＴなどの生成ＡＩが、コミュニケーションのありようを大きく変えようとしています。

ビジネスパーソン向けの講義では、「ＣｈａｔＧＰＴは、このようにまとめています」と、ＣｈａｔＧＰＴと会話の壁打ちをした結果を語る人が増えてきました。雑談相手が、人間ではなくＡＩという時代が、すでに訪れているようです。

しかし、こうした時代が到来している今だからこそ、テーマもなく、時間制限もなく、言葉に至らぬため息や涙、震えや紅潮、笑い声や怒声などを交えて人間が、人間と、生で語り合う大切さを改めて味わいたいと思うのです。

意味のない、たわいもない雑談から、人はインスピレーションを得、突破口を見出し、ＡＩでは到達できない世界を切り開くことができる。そう信じています。

朝6時20分。ほぼ毎日、私は施設にいる母に電話を入れています。

「パンが美味しかった」「腰が痛くてね」「この前の靴、歩きやすかった」「今日、眼医者さんに行ってくる」「大阪は雨みたいだから、気をつけなさい」

そんなたわいもない雑談で、私の1日は始まります。意味のないように思えるこれらの会話。

しかし、この言葉の粒の一つひとつに、人間的な、あまりに人間的な心情が凝縮されているように感じています。

毎朝の電話が、いつまでも続きますように。これが、私の「雑談力」の源泉なのですから。

最後になりました。

この本を手にとってくれたあなたに、心より感謝申し上げます。

いつの日かあなたと、たわいのない雑談で大笑いできる日を楽しみにしています。

ありがとうございました。

日本橋のオフィスにて

ひきたよしあき

ひきたよしあき

コミュニケーション コンサルタント。

スピーチライター。

大阪芸術大学芸術学部放送学科 客員教授。

早稲田大学法学部卒業。博報堂に入社後、クリエイティブディレクターとして数々のCMを手がける。政治、行政、大手企業などのスピーチライターとしても活動し、幅広い業種・世代の価値観、世代間のギャップ、言葉遣いの違いなどを分析し、コミュニケーション能力が高まる方法を伝授する。

また、大阪芸術大学、明治大学、慶應MCCなどで教え、「はじめて『わかった！』と心の底から思えた講義」「一生ものの考える力が身につく」と学生や社会人から支持を集める。

教育WEB「Schoo」では毎回事前予約が約20,000人、朝日学生新聞社「みんなをつなぐ新聞WEB」では、毎回1,200人近い子どもと保護者が参加する人気。

著書に『5日間で言葉が「思いつかない」「まとまらない」「伝わらない」がなくなる本』（大和出版）、『大勢の中のあなたへ』（朝日学生新聞社）、『トイレでハッピーになる366の言葉』（主婦の友社）など。

雑談が上手い人が話す前にやっていること

発行日　2023年 10月12日　第1刷

著者　ひきたよしあき

本書プロジェクトチーム

編集統括	柿内尚文
編集担当	山田吉之
編集協力	山崎香織
デザイン	tobufune
DTP	藤田ひかる（ユニオンワークス）
イラスト	ツナチナツ
校正	土井明弘
営業統括	丸山敏生
営業推進	増尾友裕、綱脇愛、桐山敦子、相澤いづみ、寺内未来子
販売促進	池田孝一郎、石井耕平、熊切絵理、菊山清佳、山口瑞穂、吉村寿美子、矢橋寛子、遠藤真知子、森田真紀、氏家和佳子
プロモーション	山田美恵、山口朋枝
講演・マネジメント事業	斎藤和佳、志水公美
編集	小林英史、栗田亘、村上芳子、大住兼正、菊地貴広、大西志帆、福田麻衣
メディア開発	池田剛、中山景、中村悟志、長野太介、入江翔子
管理部	早坂裕子、生越こずえ、本間美咲
マネジメント	坂下毅
発行人	高橋克佳

発行所　株式会社アスコム

〒105-0003
東京都港区西新橋2-23-1　3東洋海事ビル
編集局　TEL：03-5425-6627
営業局　TEL：03-5425-6626　FAX：03-5425-6770

印刷・製本　中央精版印刷株式会社

Printed in Japan ISBN 978-4-7762-1282-9